유럽의
중도정치
과연 한국정치에서 제3의 길은 가능할까?

3권 유럽의
중 도 정 치

과연 한국정치에서 제3의 길은 가능할까?

홍 성 민 지음

ⓘ 인간사랑

서양 정치사에서 중도정치라는 개념은, 역사적 사건으로서, 네 차례 정도 등장한다. 첫 번째가 그리스 폴리스 시대의 정치체제를 고민하면서, 왕정정치와 민주정치의 양극단에서 과두제를 선택한 경우이다. 이때 중도의 개념을 제시한 학자가 아리스토텔레스이다. 두 번째는 미국 건국 초기에 중앙정부와 지방정부의 양극단에서 연방정부를 선택한 경우이다. 이때 중도의 개념을 제시한 학자들이 제퍼슨과 연방주의자들이다. 세 번째는 1890년대 유럽에서 자유주의와 사회주의의 양극단에서 사회민주주의를 선택한 경우이다. 이때 중도의 개념을 제시한 학자들은 스튜어트 밀(영국), 베른슈타인(독일), 뒤르카임(프랑스)이다. 네 번째는 1968년 당시 유럽에서 전통적 계급과 새로운 주체의 개념이 대립할 때, 중도정치를 모색한 경우가 있다. 이때 중도의 개념을 제시한 학자들이 바로 알튀세르, 푸코, 부르디외, 들뢰즈 등이다.[1]

이 책에서 나는 세 번째에 해당하는 중도정치의 사례를 다루려고 한다. 아래 그림에서 보여주는 것처럼, 1789-1848년의 시기를 자유주의 시대로, 1848년-1890년의 시기를 사회주의 시대라고 한다면, 1890년-1930년의 시기를 "고전적 양극화 시기"라고 불러볼 수 있겠다. 다시 말해 자유주의와 사회주의 간에 극단적인 대립구도가 형성된 시기이다. 이때 유럽사회에서는 사회민주주의(페비안 사회주의, 연대주의)라는 체제로 이념적 대립을 극복해 낸다. 그것을 "1차적 중도정치"라고 할 수 있다. 그리고 1990년대 신자유주의가 발흥하여 다시 사회민주주의와 대립했을 때 제3의 길이라는 이념 형태를 기반으로 극단의 대립을 넘어선다. 그것을 "2차적 중도정치"라고 부를 수 있다.

그런데 나는 이러한 유럽정치의 시기 구분이 한국사회에도 적용될 수 있다고 생각한다. 즉 현재 한국사회는 산업화의 이념과 민주화의 이념이 대립하고 있다. 이것을 유럽사회의 "고전적 양극화 시기"에 해당하는 것으로 보인다. 이러한 가설적 주장이 타당하다면, 유럽에서 중도정치의 이념태로 등장한 사회민주주의의 개념과 배경을 추적하다 보면, 한국에서 양극화의 극복방안과 구체적인 대안을 찾을 수 있지 않을까? 한국사회에서 1997년 이후 정치적 양극화가 심화되고 있는데, 그 이유는 산업화(자유주의)와 민주화(사

---

1   중도정치의 역사와 개념에 대해서는 홍성민, "감정구조와 중도정치," 『감정구조와 한국사회: 통합과 상생의 정치를 찾아서』 한울 엠프렉스, 2022 참조.

회주의)의 이념대립을 넘어서는 새로운 시대정신이 등장하지 않아서가 아닐까? 이런 가설과 호기심으로 이 책을 집필하게 되었다.

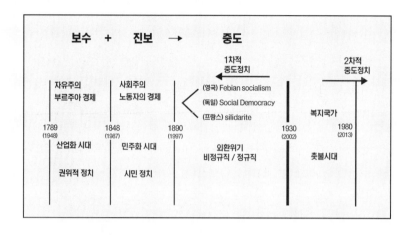

유럽에서 중도정치가 발흥했던 방식은 나라마다 특색이 있다. 영국에서는 조합운동이 먼저 있었고, 이에 대하여 노동운동의 반향이 가세하여, 자유주의와 대립을 이루게 된다. 그러다가 1850년대 스튜어트 밀이라는 걸출한 학자가 나타나 자유주의와 사회주의의 문제점을 지적하고, 새로운 대안을 내놓게 된다. 그리고 이러한 사상을 기반으로 페비안 사회주의자들이 등장하여, 매우 실용적인 방식으로 빈곤의 문제를 해결하면서, 자연스럽게 보수적 자유주의를 "진보적 자유주의"로 발전시키게 된다. 그리하여 1930년대 이후부터 1980년대까지 노동과 자본의 극단적인 대립은 복지정책을 통해 잘 조정되어 왔다. 그러다가 재정적자가 새로운 사회문제로 등장하면서 대처정부가 기존의 사회민주주의 정책과 대립되는 신자유주의 정책을 추진하게 된다. 이러한 갈등이 약 20년 정도 이어지다가, 이를 넘어서려는 노동당의 정책대안이 다시 등장하는데, 그것이 바로 "제3의 길"이었다.

독일의 경우는 자유주의 체제가 성립하기 전에 노동자 정당이 먼저 만들어진 특이한 경우이다. 라살레가 만든 "전 독일 노동자연맹"이 모체가 되어 마르크시즘이 주장하는 노동자 혁명론과 결이 다른 노동정치의 노선이 만들어진 것이다. 마르크스의 고향이었던 독일에서 마르크스의 사상과 어긋나는 노동자 단체가 만들어진 것은 역사의 아이러니가 아닐 수 없다. 어찌 되었건 1875년에 노선이 다른 두 세력이 "사회민주주의 노동당"이라는 이름으로 하나의 정당으로 모인다. 그러나 사민당 내부에서 노선투쟁은 심각한 수준으로 치닫게 된다. 즉 노동자 사회를 건설하기 위해서 혁명이 필요하다는 주장과 노동자의 복지를 위해 의회정치를 인정하자는 주장이 충돌한 것이다. 이것이 이른바 사민당 내부에서 전개된 "수정주의 논쟁"이다. 그렇지만 이 시기부터 독일의 노동정치는 점차 타협론자들의 주장에 무게가 실리게 된다. 이것이 독일에서 진행된 중도정치의 흐름이다. 그리고 20세기에도 사민당은 다양한 노선 갈등을 겪는다. 그 중에서 대표적인 경우가 1950년대 노동자의 정당에서 국민의 정당으로 변신한 것과 1990년대 이후 슈레더에 의해서 추진된 '중도정치'이다.

한편 프랑스에서는 사회주의와 자유주의의 충돌양상이 현실정치에서 권력다툼으로 나타났다. 1848년을 기점으로 노동자 정치가 득세하여 기존의 부르주아 정치와 대립했지만, 1851년 대통령 선거에서 루이 보나파르트가 집권하게 되면서, 18년 동안 장기독재의 시기를 거치게 된다. 1870년 독재가 끝나자마자 이념충돌은 불가피했고, 여기에는 정치적 음모와 권모술수가 난무했다. 블랑제 사건이 우파의 쿠데타 음모였다면, 드레퓌스 사건은 좌파를 궤멸하려는 술수였다. 이러한 사회적 혼란을 극복하기 위해서 뒤르가임은 연대주의라는 사상을 제안했고, 이를 기반으로 사회통합의 철학적 기반을 마련했다. 그리고 이를 계승하여 레옹 뒤기와 같은 법학자들이 복지국가의 필요성과 운영방식에 대해서 이론을 제시한다. 그리고 1910년대 레옹 부르주아가 대통령에 당선된 이후 프랑스는 다양한 사회복지 프로그램을 완성하여 1980년대까지 이른바 '아름다운 시절'을 보냈다. 그러나 역시 재정적자와 세계화 흐름은 프랑스의 정치를 혼돈으로 몰아갔고, 기존의 좌파와 우파의 정치로서는 해결할 수 없는 사회문제를 발생시킨다. 이것을 해결하자고 등장한 인물이 바로 마크롱 대통령이다.

이 책에서 1890년대부터 현재에 이르는 유럽의 중도정치를 역사적-사상적으로 정리하면서, 나는 한국정치의 양극화 문제를 분석하는 기준을 마련해 보고 싶었다. 적어도 한국에서 정치 양극화가 발생하고, 해결되지 않는 이유는, 새로운 시대에 조응하는 정치 이념이 부재하기 때문이다. 그래서 나는 미국식 선거전략의 일부로 중도정치를 생각하고 싶지 않다. 예를 들어 미국에서는 선거 때

마다 '트라이앵귤레이션('Triangulation)'이라는 단어가 자주 언급된다. 이것은 1992년과 1996년 대선에서 클린턴의 승리전략으로 제시된 개념인데, 상대 당의 정책을 무조건 비판하는 것이 아니라, 여당과 야당의 정책들 사이에서 양자를 적극적으로 수렴하는 공세 방법을 말한다.[2] 클린턴은 상대당이 보다 비교우위에 있는 세금, 안보, 재정의 이슈에서 트라이앵귤레이션 전략을 내세워 중도층 유권자들의 표심을 흡수했고, 선거에서 승리한 바 있다.

필자가 선거전략으로 중도정치를 고려하는 방식에 반대하는 이유는, 그렇게 하면 중도정치가 정당정치에 매몰되고 말기 때문이다. 즉 미국식 중도정치에는 경제나 사회문제의 흐름을 아우르는 정치 철학적 개념이 설 자리가 없다. 전략이 그럴싸해 보이고, 당장은 매력적이지만, 우리 정치가 어디로 가야 할지를 제대로 밝히지 못한다. 필자가 믿기에, 적어도 한국에서 중도정치는 향후 정치발전의 미래를 근본적으로 고민하는 차원에서 논의되어야만 한다. 반드시 역사와 철학이 밑받침되어야 하는 이유가 여기에 있다.

물론 유럽의 정치역사를 그대로 한국정치에 적용할 수는 없다. 다만 자유주의와 사회주의 이후에 등장한 사민주의라는 것이 어쩌면 "정치이념의 발전 법칙"[3]과도 같아서, 민주주의를 유지하고 있

---

2   채진원,『무엇이 우리 정치를 위협하는가?』 인물과 사상사, 65쪽.

3   이 단어는 마르크스의 "자본축적의 역사적 법칙"이라는 용어에서 영감을

는 모든 국가에서 한 번쯤 거쳐야 했던 역사적 흐름으로 보인다. 이것이 필자의 주장이다. 그래서 유럽이 지나온 이념투쟁의 역사를 살펴보면 한국에서도 좌파(민주화)와 우파(산업화)의 이념적 대립이 불가피하며, 그 둘을 뛰어넘는 대안을 마련하는 것 또한 역사의 필연이라고 할 수도 있겠다. 다시말해 1987년의 시민혁명으로 한국사회가 모든 정치적 목표를 성취한 것은 아니다. 너무도 당연한 얘기다. 그렇다면 세2의 정치혁밍이 필요하고, 중도정치가 그 해결책이 될 것이다. 그래서 이 책을 저술하였다.

얻었다. 마르크스는 『자본론』 1권 7편에서 자본의 유기적 구성이 고도화될수록 노동자들의 일자리가 줄어드는 현상을 설명하고 있다. 이것이 노동자가 궁핍화되는 근본 원인이다. 오늘날의 용어로 표현하자면 경제적 양극화인 것이다. 여기에 더하여 다양한 사회적 현상들(일자리 부족, 임금하락, 제국주의 확대)을 만들어 내는 원인을 자본축적의 역사적 법칙이라는 개념으로 설명하고 있다. 현상과 본질에 대한 학문적 방법론이 적절하게 표현된 이론들이다. 필자는 이러한 마르크스의 방법론에 준거하여 한국사회의 정치적 혼란을 설명해 보고자 했다. 즉 필자가 보기에 한국에서 등장하는 다양한 정치 현상들(지역주의, 혐오정치, 젠더갈등)은 새로운 시대에 필요한 정치의 이념이 나타나지 않은 채, 산업화와 민주화의 이념적 충돌이 만들어 낸 부산물이라고 판단한다. 그러한 의미에서 한국에서는 "정치이념의 발전 법칙"이라는 용어가 적절해 보인다.

차 례

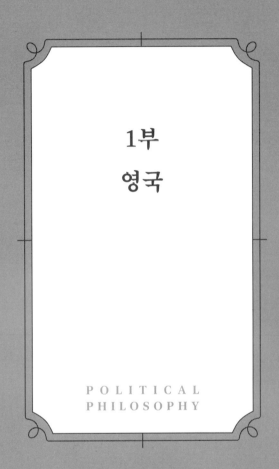

1부
영국

POLITICAL
PHILOSOPHY

1장 | 시대적 배경

1830년대부터 영국의 정치가 변화했다. 그 이전까지 영국정치를 주도했던 세력은 토리당이었고, 이들은 보수적 귀족계층들이었다. 그러나 1830년이 되면서 휘그당이 득세했고, 새로운 개혁 입법을 통과시켜 영국 사회에 새로운 변화를 주도하기 시작한다. 이러한 변화는 분명 산업사회로 진입한 영국에게는 당연한 일이었다. 대표적인 사례가 노동계급의 증가로 그들의 정치적 요구를 수용하지 않을 수 없게 된 것이다. 그런데 흥미로운 사실은 영국에서 노동계급의 정치운동은 마르크시즘과 같은 투쟁방식을 따르지 않았다는 것이다. 이것이 영국 좌파 운동의 특색이다.

영국에서 노동자 운동의 시작은 오언주의(Owenism)라고 할 수 있다. 1820년대를 전후로 해서 활동을 전개한 오언은 노동자 가운데서도 교육수준이 높은 사람들을 포섭했다. 그들은 상호부조를 위한 협동조합을 형성하는 것이 목표였다. 오언 자신이 대 고용주 밑에서 자수성가한 사람이었기에, 생산력의 중요성을 누구보다도 잘 알고 있었다. 즉 그는 생산력 증가를 인정하면서 노동제도를 개선하는 방식으로 노동자의 삶이 개선될 수 있다고 생각한 것이다. 따라서 노동자는 기계를 파괴하기보다는, 단결하여 기계를 노동자에게 유리하도록 관리해야 한다고 주장했다. 이러한 근거에서 오언은 노동조합과 협동조합 운동을 강조했던 것이다.[1] 그래서 초창기 영국의 노동운동은 공장의 관리운동에 집중되었고, 정치적 개혁에는 상대적으로 소홀했다.

그러다가 1830년대가 되면 노동자들이 정치운동에 참여하게 된다. 그것이 바로 차티스트 운동이다. 이 시기가 되면 산업혁명의 영향이 사회 전체에 퍼지게 되었고, 경제적 모순이 심화되지만, 노동자들은 자신의 입장을 대변할 수 있는 방법이 없었다. 당시에 노동자들은 선거권이 없었기 때문이다. 비록 선거권을 가지게 된 경우에도 정상적인 투표행사는 거의 불가능했다. 당시만 해도 투표권은 사고파는 재산이었으며, 투표를 매수하는 일이 아주 흔하게 벌어지고 있었다.

> "수백 년에 걸쳐 전혀 개혁되지 않았던 이 어처구니없는 제도가 모두 뇌물과 부패에 물들어 버린 것은 당연한 일이었다. 도시 선거구 소유자는 선거구를 재산의 일부로 간주할 정도였기 때문에 보통의 유권자도 자기의 투표권을 재산으로 간주했다. (…) 특별한 경우를 제외하면 실제로 선거는 의견의 경쟁이 아닌 매수의 경쟁에 불과하다."[2]

이때부터 영국의 노동계급은 조합운동에서 탈피하여 정치적 노

---

1   콜, 김철수 역, 『영국 노동운동의 역사』, 5장.
2   콜, 『영국 노동운동의 역사』, 97쪽.

18

선을 지향하게 되었고, 무장봉기나 파업도 서슴지 않고 감행하게 된다. 이렇게 변화된 노동운동의 성격을 차티스트 운동이라고 부른다. 즉 선거권을 획득하기 위해서 노동운동이 정치적 목표를 내세우기 시작했는데, 그 구호를 인민헌장(People's Charter)이라고 이름 붙였다. 그 내용을 요약하면 다음과 같다.

1. 보통선거권을 모든 남자에게 부여할 것
2. 선거는 비밀투표로 할 것
3. 피선거권을 갖기 위해서 재산 자격을 폐기할 것
4. 의원으로 당선된 자에게 급료를 지불할 것
5. 인구비례에 맞도록 선거구를 조정할 것
6. 총선을 정기적으로 실시할 것

이러한 인민헌장의 내용을 수용한 것이 1830년대 자유당이었다. 이들은 노동자 세력을 인정하고 싶지 않았으나, 노동자의 정치적 요구를 거절하게 되면 사회적 혼란을 막을 수 없다는 현실적 계산을 하게 된 것이다. 더구나 그들은 노동자들이 의회로 진입하면, 그들을 교육하여 자유주의 정치에 동조하도록 세뇌시키려는 의도가 있었다. 이것이 당대를 지배했던 실용적인 정치노선이었고, 자유당이 그것을 실천했다.

그리하여 1832년 최초의 선거법 개정이 이루어진다. 자유당이 개혁을 이끌었지만, 그들은 근본적으로는 귀족계층이었다. 따라서 자유당의 속내를 살펴보면, 노동자보다는 중산층에게 선거의 기회를 확대시키려는 의도가 더 많았다. 적어도 중산층은 자유당과 가까운 한패라는 생각이 있었기 때문이다. 더구나 1832년의 선거법 개정에는 비밀투표조항이 없었다. 차티스트 운동이 정치적 성과를 거두지 못한 이유도, 노동조합을 통한 폭력적 저항이 소기의 성과를 거두지 못한 이유도, 결국은 기득권 세력이 노동자들에게 실질적인 권리를 보장할 마음이 없었기 때문이다. 그러나 노동 세력에게 아무런 성과가 없었던 것은 아니다. 공장 단위의 조합운동에 머물고 있던 기존 상황을 벗어나, 전국 노동조합 대연합이 만들어졌고, 등가 노동교환소라는 단체를 구상하기도 했다. 이것은 분명 노동운동의 성격이 크게 달라졌음을 의미한다.

여기서 더 나아가 새로운 사회개혁도 이루어지기 시작했다. 노동자 세력과 자유당의 정치적 계산법이 교묘하게 어우러져 1850년대가 되면 사회개혁이 이루어지는데, 공장법이 대표적인 사례이다. 그전에는 섬유공장이나 탄광에서 어린아이들을 고용하는 것이 관례였지만, 이것이 심각한 문제라는 사실이 드러났다. 어린아이들의 열악한 노동실태가 알려진 것이다. 그리하여 일련의 공장법이 인도주의적 관점에서 제정되었고, 9세 미만의 어린이 노동을 금지하고, 하루 12시간 이상의 노동을 폐지했으며, 일정한 식사 시간 등을 규정하게 된다. 또 1842년 탄광법, 1844년 공장법 등이 만들어져 성인 산업노동자들도 보호의 대상이 된다. 그리고 1870년대가 되면 노동자들에 대한 교육개혁이 시도된다. 즉 국가 주도의 초등 교육체제를 정비하고 초등교육의 수업료를 면제하였으며, 민간학교에 대하여 국가의 보조금을 증가시켰다.[3]

1830년대 이후 약 50년 동안 진행된 개혁은 벤담주의 사상에 기반한 것이었다. 효율성을 강조하는 벤담의 공리주의 철학은 중간 계급에게 선거권을 보장하고, 노동 계급에게 사회적 복지를 베푸는 것에 동의했다. 왜냐하면 그렇게 함으로써 더 많은 부를 생산하고 축적할 수 있다고 믿었기 때문이다. 즉 최대다수의 최대행복이라는 정치적 목표를 실현하기 위해서 선거법과 복지를 개혁했던 것이다. 그러나 벤담주의 철학의 기본은 국가가 개인의 삶에 직접 개입하는 것을 바람직하지 않다고 생각했다. 경제적 빈곤을 극복하는 것 또한 개인의 문제이며, 스스로가 노력해야 할 문제라고 간주했던 것이다. 국가가 가난한 자를 돕는다는 것은 효율적이지 못하다는 입장이었다. 이러한 맥락에서 이때는 개인주의의 시대이며, 노동의 근면성이 가장 중요한 가치로 자리 잡은 시기였다.

그러나 1860년대 이후부터 사회적 분위가 변화했고, 정책을 이끌어 가는 철학도 바뀌게 된다. 이른바 "사회적 노동권"이라는 개념이 새롭게 등장한다. 그리고 노동자들을 중심으로 한 집단적 저항이 더욱 거세지고, 대륙으로부터 사회주의 사상이 전파되었다.

---

3   고세훈, 『영국정치와 국가복지』, 집문당, 2011, 1장.

그리하여 빈곤이 개인의 문제가 아니라 사회적 책임이라는 시각이 확산되기 시작한 것이다. 이제 국가는 노동권과 사회적 빈곤에 대해 손을 놓고 방관할 수 없는 처지가 되었다. 바로 이때 등장한 것이 스튜어트 밀의 사상이며, 그의 사상을 현실에 적용한 지식인 그룹이 페비안 사회주의자들이다.

밀은 극단적으로 대립하던 자유주의와 사회주의의 양극단을 극복하고, "진보적 자유주의"라는 새로운 사상적 기반을 마련했으며, 페비안 사회주의자들은 전통적인 구빈법 체계를 벗어나 사회적 빈곤을 해결할 수 있는 과학적 처방을 준비한다. 이러한 사상과 정책으로 1930년대 영국은 노동당이 집권할 수 있게 되었고, 이때부터 1980년대까지 복지국가의 기틀을 마련한다. 그러다가 대처의 보수당이 집권하여 신자유주의 정책을 추진하게 되면서, 50년 넘게 지속된 페비안 사회주의적 전통은 막을 내리고 새로운 대안을 찾지 않을 수 없게 되었다. 이때 등장한 것이 바로 기든스의 "제3의 길"이다. 필자는 이러한 영국 역사의 흐름을 간략하게 추적하고, 그것이 현대 한국정치에 주는 함의를 찾아보려고 한다.

2장 | 존 스튜어트 밀

한마디로 요약하면, 밀의 사상은 로크의 고전적 자유주의를 비판하고 새롭게 해석하는 것을 목표로 한다. 예를 들어 로크의『통치론』에서 개진되었던 사적 소유권이 밀에 이르게 되면, 공적 소유라는 새로운 개념으로 그 의미가 변화된다. 물론 이 과정에는 마르크스의 정치경제학 비판이 엄청난 영향을 주었다. 즉 밀은 마르크스의 사회주의 전통을 비판적으로 수용하면서, 고전적인 소유권 개념을 수정한 것이다. 공적 소유가 무엇인지, 그것이 왜 필요한지를 간략하게 서술한 책은『사회주의론』이다. 그리고 그것을 위해 필요한 정책들은 무엇이며, 노동자와 자본가의 대립을 해결하기 위해서는 무엇을 해야 하는지를 자세히 설명하고 있는 책은『정치경제학의 원리』이다.

또 로크의『통치론』에서 중요한 정치적 입장이었던 다수결에 대한 원리가 밀의『자유론』에서 신랄하게 비판받게 된다. 단순한 수적 우위라는 근거로 정책을 결정하는 절차가 실질적으로는 다수의 횡포가 될 수 있다고 지적하고 있다. 여기에는 토크빌이『미국의 민주주의』1권에서 주장했던 다수의 횡포라는 개념이 밀에게 지대한 영향을 준다. 그리고 로크가 강조했던 '2권 분립'에 관한 논의가 밀에서는『대의제 정부론』이라는 책에 계승되어, 정부 구성의 원리와 의회제도의 운영에 대해서 상세히 서술하고 있다.

사실『대의제 정부론』은 더 많은 논의를 함축하고 있다. 그 중에서도 계급으로 분화되어 가는 선거의 극단적 경향에 대해 깊은 관심을 보이고 있다. 1830년대 이전에는 의회 안에서 보수당과 자유당의 흥정에 의해서 내각 구성을 결정하는 것이 보통이었다. 그러나 그 이후에는 정당투표의 결과가 의회를 구성하는 데 큰 영향을 주게 된다. 예를 들어 1832년 선거법 개정이 보수당과 자유당의 협상의 산물이었다면, 1867년 선거법 개정에서는 노동자들의 영향력이 크게 작동했다. 참정권 부여 대상을 확대한 경우를 생각해 보면 그 영향력을 쉽게 짐작할 수 있다. 도시에서 1년 이상 거주한 자, 지방세를 내는 모든 가구의 가장, 1년에 10파운드 집세를 내는 세입자 등의 선택조건을 보면 정치의 외연히 확대되고 있음을 금방 알게 된다. 또 이익 집단의 활동이 개별의원들의 자율성을 감소시키는 현상을 목도하고, 이를 대비하는 차원에서 정당정치의 역할을 고양시키는 방안을 모색한다. 사실 밀은 이 책을 집필한 후 1865년-1868년 사이에 하원의원으로 활동하기도 했다.

결국 로크에서 밀로 이어지는 자유주의 사상의 변화는 고전적 자유주의에서 '진보적 자유주의'로의 발전이라고 요약할 수 있겠다. 필자는 이 책에서 주로『자유론』과『사회주의론』을 비교하는 방식으로 밀의 사상을 정리해 보고자 한다. 왜냐하면 밀 사상의 핵심은 자유주의와 사회주의 양자를 동시에 비판하면서, 새로운 중도 정치의 대안을 찾으려는 데 있기 때문이다. 밀의 이러한 사상적 입장은 1840년대부터 진행되어 온 것으로, 유럽에서 가장 선구적인 사고의 실험이었다. 즉 로크의 자유론과 마르크스의 사회주의론을 모두 비판하면서 새로운 사상체계를 정립하려 했던 최초의 시도였다.

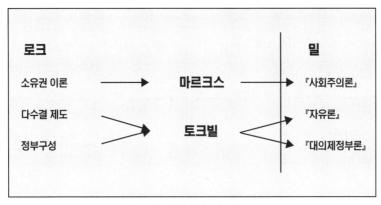

고전적 자유주의에서 진보적 자유주의로

1절 | 『자유론』

밀의 『자유론』을 간략하게 요약하면 다수결의 횡포를 막아내고, 진정한 토론 민주주의를 정착시켜야 한다는 것이다. 그렇다면 도대체 다수결의 횡포란 무언가? 시대상황을 두고 진단해 보면 당대 영국 사회에 만연한 선거제도의 부패와 관련되어 있다. 위에서 언급한 대로 1830년대 즈음 선거권이란 노동자에게 불평등하게 배분되어 있었고, 선거행위에 금권이 개입하여 투표행위를 왜곡시키는 일이 비일비재했다. 즉 로크가 『통치론』에서 옹호했던 다수결의

의결방식에 심각한 문제가 있음이 드러난 것이다. 그런데 사상적
으로 보면 이러한 문제의식은 토크빌에서 유래한다. 토크빌은『미
국의 민주주의』1권 15장에서 미국에서 전개되고 있는 다수결의
폐단을 자세하게 논의한 바 있는데, 이것을 근거로 밀은 영국 사회
의 선거제도를 비판한 것이다.[4] 이미 영국에서 선거의 부패현상을
간략하게 설명했으니, 여기서는 토크빌의『미국의 민주주의』1권
에 등장하는 다수결의 횡포에 대해서 잠시 살펴보자. 이런 예비적
고찰은 밀이 집필한『자유론』을 이해하는 데 대단히 중요한 사전
작업이 될 것이다.

토크빌은 1831년 처음으로 미국을 여행하였고, 그 경험을 바
탕으로『미국의 민주주의』1권을 집필했으며, 1835년에 출판을 한
다. 그리고 같은 해에 밀이 이 책을 영어로 번역하여 영국 사회에
소개했다. 밀은 토크빌의 문제의식이 민주주의 발전에 대단히 중
요하다는 것을 가장 먼저 인식하였고, 이 책을 번역함으로써 영어
권 국가에게 큰 영향을 주게 된다.

토크빌이 주장한 다수결의 횡포(tyranny of the majority)를 한마디

---

4   토크빌의『미국의 민주주의』를 영어로 번역하여 영국에 소개한 사람이
     바로 스튜어트 밀이다. 토크빌과 밀은 개인적으로 가까운 친분을 유지하
     였고, 학문적으로도 서로에게 좋은 영향을 주고받은 학자들이었다.

로 요약하면, 다수의 의견이 절대적인 권력으로 인정받게 되면, 소유의 권리와 자유가 침해당할 수 있다는 것이다. 여기에는 다수의 의견이 반드시 옳은 것이 아닐 수 있다는 전제가 깔려 있다. 그래서 토크빌이 말하기를 다수의 도덕적인 권위가 단 한 사람의 지혜보다 우월한 것은 아니며, 다수 입법자의 의견이 항상 옳은 것은 아니라고 주장한다.[5] 더구나 다수결의 원칙은 소수자들의 권리를 옹호하지 않기 때문에 다수결에서 패한 세력은 불리한 입장에 놓이게 된다. 여기서 더욱 심각한 문제는 여론의 압력이 존재한다는 사실이다. 다수의 의견이 아직 결정되지 않은 상태라면 사람들은 토론을 할 수 있지만, 다수의 결정이 공포되고 나면 찬성한 사람은 물론이고 반대하던 사람까지도 입을 다물게 된다. 이를 두고 토크빌은 군주제는 신체적 억압을 강요했지만, 오늘날의 민주 공화정은 마음의 억압을 강요한다고 표현했다.

"어떤 한 사람이 절대적 지배를 하는 상황에서는 영혼을 지배하기 위해서는 신체를 공격했다. 그러나 영혼은 자신에게 가해지는 타격을 피해서 의연하게 높이 솟아올랐다. 민주 공화정이 폭정을 취하는 길은 이런 것이 아니다. 여기서는 신체는 자유스럽게 내버려 두지만 영혼은 얽매인다. '너는 내가 생각하는 대로 생각하지 않으면

5   토크빌, 임효선·박지동 역, 『미국의 민주주의』 1, 한길사, 1997, 332쪽.

죽을 것'이라고 말하는 것이 아니라 '당신은 자유롭게 나와는 다른 생각을 가질 수 있고 생명과 재산 및 당신 소유의 모든 것을 누릴 수 있다. 그러나 지금부터 당신은 우리 국민 가운데에서 이단자가 될 것이다'라고 말한다."[6]

토크빌은 이러한 다수결의 횡포가 입법부와 행정부의 불안정을 초래한다고 진단했다. 예를 들어 입법부에는 매년 새로운 대표들이 진입하는데, 이들은 이미 여론의 조작에 의해서 길들여진 사람일 수 있다. 그리고 행정부도 마찬가지이다. 공무원들은 다수의 비위를 맞추어야 하는 사람인 만큼 행정의 공적 역할보다는 인기 위주의 행정업무를 결정할 가능성이 크다. 여기서 토크빌은 감옥의 조건을 개선하려는 정책이 실패로 돌아가는 일을 언급한다. 대중의 관심이 들끓는 시기에 수감시설의 개혁이 시작되었다가 대중들의 관심이 식게 되면 곧바로 다시 부패한 시설로 전락하는 예를 지적한 것이다.[7] 또 정치적 사건으로 다수의 횡포에 의해 이루어진 불행한 사례로는 1812년 볼티모어에서 발생한 전쟁을 거론한다.[8]

이처럼 다수의 횡포는 입법과 행정은 물론이고 국가의 중대사

---

6   토크빌, 『미국의 민주주의』 1, 342쪽.

7   토크빌, 『미국의 민주주의』 1, 335쪽.

8   토크빌, 『미국의 민주주의』 1, 338쪽.

인 전쟁의 문제에까지 깊이 관여하고 있다. 이러한 맥락에서 이것은 민주주의를 실질적으로 파괴하고 있는 심각한 문제이다. 그래서 토크빌은 군주정이건, 공화정이건, 민주정이건 상관없이 절대적 지배를 행사할 수 있는 권리와 수단이 존재하는가에 따라[9] 정치의 생존이 결정된다고 말한다. 결국 다수결이 아니라 견제와 균형이 민주정치의 핵심이라는 것이다.

여기서부터 밀의『자유론』의 문제의식이 출발한다. 이 책의 서론에서 밀은 자유의 역사를 설명한다. 그동안 자유는 정치적 지배자들의 압제로부터 자신을 지키는 것이었다. 그래서 지배자들의 권력을 제한하기 위해서 면책조항을 설정하거나 입헌적 제약을 확립하려고 노력했다. 그러나 세상이 변화함에 따라서 국민들이 행정관리들을 파면할 수 있는 시대가 되었다. 즉 지배자의 절대적 압제로부터 상대적으로 자유로워진 것이다. 그런데 이제는 다른 종류의 압제가 지배하는 세상이 되었다. 흔히들 민주주의란 민중의 민중에 의한 권력이라고 표현한다. 그런데 민중의 의지라는 것이 어떻게 형성되는지 가만히 지켜보면 여기서 다수의 지배가 이루어지고 있음을 알 수 있다. 여기서 밀은 민중의 의사를 다음과 같이 정의 내린다.

---

9   토크빌,『미국의 민주주의』1, 337쪽

"민중의 의사란 실제로는 민중 속에서 가장 활동적인 부분의 의사, 다시 말해서 다수나 혹은 다수라고 인정케 하는 데 성공한 사람들의 의사인 것이다. 그러므로 민중이 그 성원의 일부를 압박하는 사태가 있을 수 있다. (…) 그래서 오늘날 정치문제를 생각할 때, 다수자의 횡포(the tyranny of the majority)라는 것을 이제는 일반적으로 사회가 경계할 필요가 있는 해악의 하나로 여기게 된 것이다."[10]

상황이 이러다 보니 일반인들을 조정하려는 정치적 흐름에 대해 방어기제를 만드는 것이 민주주의의 필수요건이 되었다. 적어

[10] 밀, 최요한 역, 『자유론』, 홍신문화사, 2006, 13쪽. 이러한 밀의 사상은 한국의 민주화의 단계를 고민하는 데 많은 시사점을 준다. 한국사회는 1987년을 기점으로 헌법을 수정하여 1인1표제도를 완성함으로써, 형식적 민주화를 달성하는 데 성공했다. 그로부터 30여 년이 지난 지금 한국 정치는 얼마나 성숙했나? 적어도 선거제도를 개혁하는 것은 민주화의 시작에 불과한 것이 아니었을까? 왜냐하면 과거에 비해 제도는 민주화되었지만, 정치가 운영되는 방식에는 여전히 문제가 많기 때문이다. 한국 정치에도 여론의 조작이나 다수의 횡포가 만연하고 있으며, 이를 극복하는 방안은 제도를 변경하는 수준을 넘어서고 있다. 이러한 맥락에서 밀이 강조하는 소수의견의 존중이나 토론 민주주의는 대단히 중요한 함의를 갖는다.

도 밀에 따르면, 사회가 발전한다는 것은 개성의 발달을 필수적으로 전제한다. 따라서 사회의 관습과 가치관을 일방적으로 개인에게 강요하는 것은 매우 위험한 정치적 관행이다. 만일 개인의 개성이 보호되지 못한다면 절차적으로 민주주의를 표방한다고 해도, 실질적으로는 전제국가나 마찬가지이다. 여기서 자유를 결정하는 중요한 기준 하나가 등장한다. 즉 다른 사람에게 '위해'를 방지하는 경우에만 권력의 정당성이 인정된다는 것이다. 이때 위해를 방지한다는 말은 개인의 자유를 침해하지 말아야 한다는 뜻이며, 이것은 비록 소수자라도 개인의 생각과 의지를 존중해야 한다는 것을 의미한다.

> "그렇게 하는 것이 자신을 위해서 좋을 것이라든지, 자신을 좀 더 행복하게 할 것이라든지, 또는 다른 사람들의 견해에 의하면, 그렇게 하는 것이 현명할 뿐만 아니라 올바르기까지 할 것이라고 해서, 그에게 어떤 행동이나 억제를 강제한다면 이것은 정당할 수가 없다."[11]

이러한 맥락에서 밀은 공리주의에 대한 기존의 견해를 공격한

---

11   밀, 『자유론』 21쪽.

다. 사실 밀은 벤담의 공리주의 사상에서 큰 영향을 받았고, 청년 시절 공리주의를 바탕으로 사회발전을 고민하는 학문적 훈련을 받았다.[12] 그러나 그는『자유론』을 집필하던 시기에 벤담의 공리주의를 비판하기 시작한다. 즉 밀이 보기에 벤담은 인간의 본성에 대해 착각하였고, 여기에 기초한 공리주의는 잘못된 철학사상에 불과하다.

더 자세하게 밀의 비판을 들여다보자. 밀에 따르면, 벤담은 인간이 단순히 쾌락과 고통을 느끼는 존재이며, 이기적인 욕망에 지배당하는 존재라고 보았다. 이것이 밀이 벤담을 비판하는 출발점이다. 왜냐하면 벤담은 타인에 대한 동정이나 반감 따위가 행동의 원천이며, 따라서 '행위 동기의 일람표(Table of the Springs of Action)'[13]를 만들 수 있다고 믿었다. 현대심리학의 용어로 설명하자면, 인간의 행동을 결정하는 요인을 자극과 반응의 인과관계로 설명하려고 한 것이다.[14]

---

12   벤담은 스튜어트 밀의 아버지였던 제임스 밀의 친구였다. 밀의 아버지는 어린 아들에게 벤담을 소개시키고, 다양한 철학적 훈련을 받도록 하였다. 사실 밀은 일반적인 대중 교육기관을 다니지 않고, 아버지의 개인 교습과 아버지의 지인으로부터 직접 교육을 받았다. 오늘날로 치면 일찍부터 영재교육을 받은 셈이다.

13   벤담·밀, 정홍섭 역,『벤담과 밀의 공리주의』, 도서출판 좁쌀한알, 2018년, 127쪽.

그런데 밀이 보는 인간은 좀 다르다. 가장 큰 차이점은 쾌락이나 증오를 넘어선 삶의 가치를 추구하는 욕망이 있다는 것이다. 구체적으로 명예, 존엄, 아름다움, 예술적 열정, 만물의 목적에 대한 순응 등이 그것이다. 이것은 벤담이 만들었던 행위 동기의 일람표에는 없는 요인들이다.[15] 밀은 이러한 것들을 통칭하여 인간 내면으로부터 유래하는 행복이라고 표현하기도 했다.

> "지극히 복잡한 존재인 인간이 그의 눈에는 아주 단순한 존재로 보인다. 공감이라는 표제 아래에서조차 그의 인식은 더 복잡한 감정의 형태, 즉 사랑하는 행위에 대한 사랑, 공감의 지지 또는 경탄과 숭배의 대상으로 확대되지 않는다. (…) 젊은 시절부터 무엇보다 인간의 행복을 그 자체로 바람직한 유일한 것으로, 또는 다른 모든 것을 바람직한 것으로 만드는 유일한 것으로 염두에 두는 데 익숙했기 때문에, 그는 자신 자기 내면에서 발견한 모든 사심 없는 느낌을 행복 일반에 대한 욕망과 혼동했다."[16]

14　　최근 한국에서 유행하는 혈액형이나 MBTI 성격 분석 따위들이 바로 벤담이 제시한 행위 일람표에 해당한다고 볼 수 있다.

15　　벤담·밀, 『벤담과 밀의 공리주의』 129쪽.

16　　벤담·밀, 『벤담과 밀의 공리주의』 129-131쪽.

밀의 질적 공리주의

따라서 정치를 운영하는 기준은 두 가지로 분류된다. 첫째는 인간의 쾌락을 충족시키는 효율성이며, 둘째는 인간이 스스로의 의지를 훈련하는 자기성찰이다. 두 번째 훈련이 제대로 이루어지지 않으면 첫 번째 효율성도 효과를 얻을 수 없다. 특히 인간들이 교감하는 사회 속에서 도덕성이 더 크게 발휘된다는 사실을 인정하게 되면 두 번째의 도덕성 훈련은 더 중요하게 취급되어야 마땅하다. 그래서 밀은 인간 집단이 성숙한 사회적 집단으로 발전할 수 있는 기준은 국민성(national character)[17]이라고 말한다. 즉 국민성은 개별 인간들의 쾌락의 집합이 아니라 교육적으로 훈련된 성숙한 개인들

---

17   벤담·밀,『벤담과 밀의 공리주의』, 137쪽.

의 총합이다. 국민성이 좋은 국가가 위대한 국가이다.[18] 그러나 벤담은 이 점을 염두에 두지 않았다.

요약하자면, 밀은 인간의 도덕성을 고양시키는 것이 사회발전에도 매우 중요한 요인이라고 생각한다. 왜냐하면 이것이 궁극적으로 윤리적 기준이 되며, 사회가 어떤 방향으로 발전해야 하는가를 결정짓는 잣대가 되기 때문이다. 예를 들어 누가 보아도 분명한 사건을 왜곡하여, 재판을 승소로 이끌고 이를 토대로 다른 사람에게 위해를 가하는 경우가 있다고 가정하자. 이런 사건이 보여주는 것은 사회적 윤리 기준이 사법부나 행정부가 결정하는 것이 아니라, 인간의 양심에 따라 결정된다는 점이다. 인간이 인간으로서 당연히 해야 할 의무를 실행하고, 그렇게 하지 못할 때 사회에 대하여 책임을 져야 한다.[19] 따라서 인간에 대한 교육이 중요하며, 인간의

---

18   양적인 쾌락이 아니라 질적인 행복을 사회발전의 기준으로 생각했던 점에서 밀의 사상은 한국사회의 발전에 대해서 시사하는 바가 크다. 우리는 과거 경제성장을 국가발전의 중요한 척도라고 생각했던 시절이 있었다. 그러나 2000년대 이후 한국사회가 외환위기를 겪으면서, 점차 경제적 양극화의 문제가 발생했으며, 이것은 경제성장의 정책만으로 해결되기 어려운 사회현상이라는 점이 드러났다. 한국사회에서 질적인 발전이 무엇인지를 고민하는데, 밀의 사상은 대단히 중요한 지적 자원이 된다고 하겠다.

19   밀, 『자유론』, 23-24쪽.

내면을 발전시키는 것이 사회발전에도 영향을 끼치는 것이다.

여기서 자유의 영역이 새롭게 설정되는데, 그것을 밀은 세 가지로 구분한다.

1. 의식이라는 내면의 영역이다. 여기서는 사상과 감정의 자유, 의견의 절대적 자유를 요구한다. 의견을 표명하고 출판하는 자유는 다른 사람과의 관계에서 대단히 중요한 자유이다.
2. 기호의 자유와 목적추구(직업)의 자유이다. 내가 하는 일이 다른 사람에게 해를 끼치지 않는 한 다른 사람으로부터 방해를 받지 않을 자유이다.
3. 개개인 사이의 단결의 자유이다. 다른 사람에게 해를 끼치지 않는다면 어떠한 목적을 위해서 결합할 수 있는 결합의 자유이다. 물론 이 경우에도 사람들이 성인이어야 하며, 강제당하거나, 속임을 당하는 일이 없어야 한다는 전제가 필요하다.[20]

그리고 위에서 거론한 세 가지 자유가 보장되지 않는다고 하면, 어떤 형태의 정치 제체든 자유가 보장된 국가가 아니라고 확언한

---

20   밀, 『자유론』 25-26쪽.

다. 그러면서 당대 사회에서 자유를 억압할 수 있는 세 가지 요인들을 지적한다. 즉 종교적 지배, 사상의 지배, 정치권력의 지배이다. 종교는 오랫동안 유럽사회에서 개인의 도덕 감정을 지배하면서 인간을 지배하려는 교권의 형태로 자유를 억압해 왔다. 밀은『자유론』전체에서 교회권력이 사회문제에 개입하여 개인의 자유를 억압하는 문제를 자주 거론한다. 둘째는 사상의 지배도 교권 못지않게 개인들의 가치관을 구속한다는 점에서 위험스럽다. 고대로부터 정치철학은 개인의 행위 구석구석을 공적 권위로 통제해 왔으며, 따라서 왜곡된 정치철학으로부터 벗어나는 것이 필요하다. 셋째 정치적 지배가 문제이다. 사실 이 문제는『자유론』의 서론으로부터 마지막 장에 이르기까지 항상 거론되는 핵심적인 주제이다. 특히 정치가 여론을 조작하여 개인의 의견을 통제하는 것이 가장 큰 문제이다. 이를 극복하기 위해서는 사상, 언론, 집필의 자유가 중요하다.

그래서『자유론』의 2장은 사상과 언론의 자유에 대하여 논의하고 있다. 여기서 밀은 교권의 지배, 사상의 지배, 권력의 지배에 대하여 실증적인 예를 들며 왜 소수자의 언론이 존중되어야 하는지를 설명하고 있다.

우선 종교의 지배에 대한 예부터 살펴보자. 밀은 예수가 갈보리 산상에서 설교했던 사건을 예로 든다. 우리가 잘 알고 있듯이 예수는 자신의 종교적 신념 때문에 사형에 처해졌다. 적어도 당시의 사람들은 예수를 흉악한 불신자로 취급했던 것이다. 그런데 오늘날은 어떠한가? 가장 위대한 성인으로 추앙받고 있지 않는가? 또 반대로 당시에 예수를 사형에 처했던 유대인들은 악인으로 취급받고 있다. 그런데 당시의 유대사상에 근거해 보면, 예수는 당대의 사람들이 받아들일 수 없는 말을 내뱉은 극악무도한 사람이며, 이를 처단한 유대인과 대제사장은 당연한 일을 한 것이다. 계속해서 밀은 로마에서 기독교가 억압받았던 일들, 또 근대에 이르러 루터가 이끌었던 종교개혁들과 같은 역사적 사건을 자세히 나열하고 있다.[21] 이러한 예를 통해서 그가 하고 싶었던 말은 무엇일까? 결국 인류의 역사에서 진리가 박해로 억압된 사례는 너무나 많으며, 오랫동안 진리가 무시될 수 있다는 것이다. 따라서 종교적 이단마저 진리가 될 수 있음을 인정하고, 토론과 사상의 자유를 보장해야 한다.

둘째는 사상의 지배와 관련하여 소크라테스를 언급한다.[22] 우리가 잘 알고 있듯이 소크라테스는 당대에서 불온한 사상을 유포한 죄로 사형당한 철학자이다. 그러나 지금 소크라테스는 가장 위대한 철학자로 추앙받고 있다. 이러한 예를 통해서 밀은 사상의 지배라는 것이 시대에 따라 변화하며, 법의 집행이라는 것도 일정한 편견이 있음을 암시하고 있다. 밀은 루소를 인용하면서 사상마저도 시대에 따라 달라진다는 점을 역설적으로 강조했다. 즉 루소는

21   밀, 『자유론』, 46-56쪽.
22   밀, 『자유론』, 45쪽.

"자연으로 돌아가라"고 말했는데, 이 말은 당대의 계몽주의 흐름과는 역행하는 것이었다. 당시의 사람들은 모두가 문명을 찬양하고 철학을 배우려고 했는데, 루소는 그와는 반대로 문명과 사상을 배우지 말고 자연으로 돌아가라고 강조했다. 왜 그랬을까? 적어도 밀의 해석에 따르면, 루소의 말속에는 진리에 대한 새로운 시각이 담겨 있다.[23] 따라서 국민들의 가치관을 지배하는 사상이야말로 통념을 벗어나 자유롭게 토론될 수 있어야만 한다.

셋째는 권력의 지배이다. 정부는 진실한 의견을 내세우고 올바르다는 확신이 서지 않는 한 개인에게 특정한 의견을 강요해서는 안 된다. 그럼에도 불구하고 국가 권력의 행사를 부당하게 행사하면서, 과도한 세금을 부과하거나, 정당하지 않은 전쟁을 일으키는 경우도 있다.[24] 결국 모든 토론을 금지하는 것은 무오류성을 가정하는 것인데, 이것은 결코 용납될 수 없다. 왜냐하면 공적 권위가 추진하는 행동에 오류가 없다는 전제는 그 자체가 오류이기 때문이다. 정치에서 안정을 표방하는 정당과 개혁을 표방하는 정당이 모두 존재할 때, 사회가 발전할 수 있는 것이다. 왜냐하면 두 가지 사고방식이 모두 상대방의 결함에서 효용성을 찾을 수 있기 때문이다. 사유재산제도와 평등주의, 협동과 경쟁, 자율과 규율이라는

---

23   밀, 『자유론』 84쪽.

24   밀, 『자유론』 36쪽.

대립 속에서 서로 간의 찬반을 두고 의견이 자유롭게 표현되고, 비판할 수 있을 때만이 정치가 발전할 수 있는 것이다.[25]

밀에 따르면 개인이나 정부뿐만 아니라, 한 시대도 잘못을 저지를 수 있다. 왜냐하면 시간이 지나고 보면 한 시대에 정당한 일들이 나중에는 불합리하거나 오류로 판명되는 경우가 종종 있기 때문이다. 이렇게 놓고 보면 지금 시대에 옳다고 하는 평가도 나중에는 언제든지 바뀔 수 있는 것이다. 결국 종교, 사회, 정치와 같은 일상생활의 모든 분야에서 쟁점이 되는 의견들은 거의 대부분이 일정한 편견을 전제로 올바른 것이라고 인정받은 것일 뿐이라고 밀은 평가한다. 그렇다면 어떻게 해야 할까? 의도적인 반대토론 과정이 필요하다. 이것은 우리가 통념적으로 생각하는 토론과 사상의 자유를 넘어서는 수준이다.

"그러므로 모든 중요한 진리에 대해 반대자가 없다면, 일부러 반대자를 상정하여 그 반대자가 가장 교묘한 악마의 대변자가 생각할 수 있는 가장 강력한 논증을 그들의 입을 통해서 나오게 하는 것이 필수불가결한 것이다."[26]

결론적으로 밀은 의견의 자유와 발표의 자유가 반드시 필요한

---

25   밀, 『자유론』 85쪽.

26   밀, 『자유론』 68쪽.

이유를 4가지로 정리한다.[27]

1. 만일 어떤 의견이 침묵을 강요당한다면, 어쩌면 그 의견은 정당한 것인지도 모른다. 이것을 부정하는 것은 우리들 자신의 절대 무오류성을 가정하는 것이다.
2. 침묵당한 의견이 오류라고 할지라도 그것은 진리의 일부를 지니고 있을지 모르며, 실제로 지니고 있는 것이 보통이다.
3. 일반이 받아들이고 있는 의견이 진리일 뿐만 아니라 진리의 전체라 할지라도, 그 의견이 정력적으로 열심히 논쟁이 되는 것이 허용되지 않거나 실제로 논쟁되는 것이 아닌 한, 그 의견을 받아들이는 사람들 대부분이 편견을 품은 것처럼 그 의견을 품음으로써, 그 의견의 합리적인 근거를 이해하고 실감하는 일은 거의 없을 것이다.
4. 만일 자유로운 토론이 없다면, 교설 그 자체의 의미가 없어지거나 약하게 되어 인격과 행위에 미치는 중요한 효력을 빼앗기고 만다.

이토록 중요한 사상과 표현의 자유는 결국 개인의 개성을 증진

---

27   밀, 『자유론』, 93-94쪽.

시키기 위한 것이다. 『자유론』 3장이 이 부분을 자세히 설명하고 있다. 사실 개성의 발전이라는 개념은 1장과 2장에서 여러 차례 반복하고 있는 주제이다. 그러나 3장에서 밀은 다시 한번 이 개념을 여러 가지 사례를 들어가며 설명한다. 특히 여기서는 개인이 자기의 생활설계를 선택하는 것이 중요하다는 점을 강조한다. 생활설계란 내가 어떤 인생을 살아갈 것이며, 자신의 감정과 열정에 따라서 옳고 그름을 판단하는 것이다.

이것이 왜 중요한가? 그 이유는 현대사회가 개인들을 늘 감시하고 있기 때문이다. 즉 여론이나 법률에 의해서 내면적 사상과 행동의 표현이 늘 감시되고 일정한 방향으로 길들여진다. 심지어 사람들은 일상생활에서 사람들이 좋아하는 오락이나 취미마저도 세상의 풍속과 일치하기를 원한다.[28] 더구나 밀은 "습관의 전제"[29]가 인간의 진보를 방해하고 있다고 말한다. 1장 서론에서는 다수의 전제라는 단어를 사용했는데, 여기서는 습관의 전제라는 단어로 변화된다. 전자가 토크빌에서 빌려온 개념이고 사고의 지배를 의미한다면, 후자는 비로소 밀이 고안해낸 단어이고, 일상생활에서의 감정과 취향의 지배를 가리킨다. 그래서 그는 사람들이 일반 대중의 취향을 추종한다고 말한다. 따라서 특이한 취미나 오락은 기피

---

28   밀, 『자유론』 108쪽.

29   밀, 『자유론』 124쪽.

대상이다. 이렇게 두고 보면 개성의 발전은 내면의 자유를 기반으로 하는 것임이 분명하다. 그리고 개성을 발휘하는 것만이 질적인 행복을 달성할 수 있는 유일한 방법이다. 여기서 다시 한번 질적인 공리주의 입장이 잘 드러나고 있다.

> "개성은 발달한 인간과 동일한 것이며, 그리고 오직 개성의 육성만이 충분히 발달한 인간을 낳게 하는 것이나. (…) 왜냐하면 인간 사회의 어떤 상태를 거론함에 있어서, 인간 자신을 가능한 한 최선의 것으로 접근시키는 것이야말로 가장 좋은 것이라는 이상으로 달리 더 할 말이 무엇이며, 또한 그 이상의 찬사가 있을 수 있는 것인가? 그리고 그것을 저해하는 상태야말로 행복(선)에 최악의 방해가 되는 그 이상의 것이라고 달리 무슨 말을 할 수 있을 것인가?"[30]

그런데 내가 사상과 표현의 자유를 가진다고 할 때 다른 사람도 똑같은 권리를 가지게 되는 것은 너무도 당연하다. 그렇다면 나와 타인의 자유가 서로 충돌할 때 어떻게 해야 하는가? 밀의 언어로 이 질문을 바꾸면 다음과 같다. 개인이 자기를 지배하는 주권의 정당한 한계는 대체 어디까지일까? 사회의 권위는 어디에서 시작되

---

30   밀, 『자유론』 113쪽.

는 것일까? 인간의 생활 가운데서 얼마만큼이 개인에 귀속되고, 얼마만큼이 사회에 귀속되어야 하는 것일까?[31] 이러한 질문에 대한 대답이 4장에서 나온다.

가장 단순한 대답은 다른 사람에게 피해를 주지 않는 범위 내에서 나는 스스로에 대한 자유를 가진다. 그렇다면 남에게 피해를 주는 행위란 무언가? 밀이 들고 있는 예를 그대로 나열해 보자. 다른 사람의 권리를 침해하는 행위, 손실이나 손상을 다른 사람에게 입히는 행위, 사기나 배신행위, 다른 사람의 약점을 잡아 물고 늘어지는 행위, 다른 사람의 위해를 막아주려고 하지 않고 본체만체하는 행위 등[32]이다. 위에 나열된 것들을 곰곰이 음미해 보면 신체적인 상해로부터 심리적인 공격행위들을 망라하고 있다. 그리고 심리적인 요인이라도 구체적인 위해의 결과가 드러난 경우에만 타인의 권리를 침해한 것으로 간주한다. 단순히 왜곡된 심리작용들, 예를 들어 질투, 위선, 자기 중심주의, 오만 등등은 타인을 권리를 침해한 것이 아니다.

여기서 두 번째 기준이 필요하다. 타인의 권리를 침해하지는 않지만, 나 자신을 타락시키는 행위는 사회적으로 허용되는가? 예를 들어 도박, 음란, 태만, 주정, 불결 등과 같이 타인과 관계하지 않은

---

31   밀, 『자유론』 133쪽.

32   밀, 『자유론』 139쪽.

채 스스로를 침해하는 행위는 허용되는가? 그렇지 않다. 왜냐하면 이러한 행위들을 통해서 세상에 나쁜 선례를 보이고, 나아가 궁극적으로 사회의 발전을 해치는 결과를 초래하기 때문이다.[33] 결국 자유의 전제는 타인을 해치지 않는 것은 물론 사회의 발전을 침해하지 않아야 한다. 후자의 이유가 중요한 이유는 개성의 발전이 사회발전에 연결되어 있으며, 개인과 사회의 발전은 모두 질적인 쾌락과 관련되어 있기 때문이다. 즉 도덕성이 결여된 자유는 허락될 수 없다.

세 번째 기준은 법철학적 기준과 관련된다. 예를 들어 사람들이 술에 취하는 경우 이것은 개인의 자유인가 아니면 사회적 질서를 어지럽힌 행위인가? 우선 밀은 개인이 술에 취했다는 이유만으로는 처벌받을 수 없다고 대답한다. 그런데 군인이나 경찰이 근무 중에 술을 마셨다면 그 사실만으로도 처벌받을 수 있다. 그 이유는? 공중에 대한 명백한 손해를 입히거나, 손해를 입힐 만한 가능성이 있을 때는, 법적인 제재를 받을 수 있기 때문이다.[34] 군인과 경찰이라는 신분이 사회적 공무를 수행하는 사람들인 만큼 그들은 사회적 의무에 대해서 더 많은 책임을 져야 한다.

그런데 여기서 매우 중요하고 전문적인 개념이 등장한다. 필자

---

33   밀, 『자유론』, 142쪽.
34   밀, 『자유론』, 145쪽.

의 판단으로는 밀의 자유론을 이해하는 데 가장 핵심적인 개념이다. 밀은 '추정적 위해'(constructive injury)라는 개념을 제시하면서 다음과 같이 설명한다.

"그러나 대중에 대한 특정한 의무를 이행하지 않은 것도 아니고, 자기 이외의 누군가 특정한 개인에게 명백한 해를 미치는 일도 아닌 행위로, 어떤 사람이 사회에 대해 일으키는 단순히 우발적인 위해(contingent injury) 또는 추정적인 위해(constructive injury)에 대해 말한다면, 이 경우의 불편(부자유)은 인간의 자유라고 하는 더 큰 선을 위해 사회가 능히 견뎌낼 수 있는 것이다. (…) 그러나 나는 이 문제에 관해서 다음과 같이 논하는 것은 좀처럼 찬성할 수가 없다. 사회가 우둔한 구성원을 교육시켜 이성적인 행위를 할 수 있는 보통수준까지 이끌어 올리기 위해서는, 그들이 뭔가 불합리한 일을 저지를 때까지 기다렸다가 법적 또는 도덕적으로 벌할 수밖에 없다는 투로 논하는 것 말이다."[35] (강조는 필자)

이것이 도대체 무슨 말인가? 우선 위의 인용문에서 추정적 위해란 아직 위해가 발생하지 않은 것을 말한다. 즉 어떤 행위를 할 때

---

35   밀, 『자유론』, 145쪽.

미래에 예측되는 위험스러운 행위를 두고 추정적 위해라고 한다. 예를 들어 '술을 자주 마시는 사람은 다른 사람을 폭행할 가능성이 높다'라고 가정해 보자. 이런 경우를 두고 음주는 폭행이라는 추정적 위해를 발생시킨다고 말할 수 있다. 자! 그런데 음주를 하는 모든 사람이 싸움을 하는가? 그렇지는 않다. 바로 이것이 밀이 추정적 위해를 근거로 법적 처분을 내리는 방식에 반대하는 이유이다. 위의 인용문 후반에서 '사회가 우둔한 구성원을 교육시켜'라는 표현은 바로 추정적 위해를 염두에 두고 술을 자주 마시는 사람을 교화시킨다는 뜻이다. 즉 술집 자체를 없애던가, 술집 출입을 일주일에 3회로 제한하던가, 술집에서 마시는 술의 양을 맥주 3잔으로 제한하는 법적 조치를 취하는 것을 의미하는 것이다. 이렇게 해도 되는가? 밀은 "아니다"라고 잘라 말한다. 소위 추정적 위해를 전제로 법적 조치를 취하는 것은 개인의 자유를 제한하는 것이기 때문이다.

추정적 위해에 해당하는 사례로 당대에 미국에서 있었던 사치금지법과 금주법을 든다.[36] 전자는 부자들이 사치스러운 소비를 하게 되면 일반 사람들이 불쾌하게 느낄 수 있다는 것을 전제하여 사치를 사전에 방지하자는 법이고, 후자는 폭음이 범죄를 유발할

---

36   밀, 『자유론』 156쪽.

수 있다는 전제 아래 의학적인 목적 이외의 발효성 음료를 금지한 법을 가리킨다. 밀은 이러한 법률들을 제정하는 권력이 국가에 있지 않다고 말한다. 왜냐하면 사치금지법이나 음주법은 물건을 팔지 못하도록 하는데, 실제로 사치품이나 알코올은 소비에 관련하여 고려해야 할 사항이 많다. 한마디로 말해 위의 법들은 물건을 사는 사람들의 자유를 침해하고 있다. 다시 말해 국가권력은 개인들에게 일정한 물건을 사지 말 것이며, 술을 마시지 말라고 강요할 수 없다는 것이다.

추정적 위해의 예는 종교적 현상에 더 많이 있다. 유대인은 일요일을 안식일로 정하고 휴식할 것을 의무로 정하고 있다. 그런데 이러한 유대교의 종교적 관습을 사회 전체에 확대하여 법률로 정할 수 있을까?[37] 모르몬교는 일부다처제를 인정하는 종교이며, 따라서 기독교의 교리와 정면으로 배치된다. 따라서 영국사회에서 모르몬교는 원천적으로 금지되어야 하는가? 전자의 경우 밀은 일요일에 오락을 금지하는 것이 허락될 수 없다고 말하고, 그에 대한 논증으로 일요일을 법적 휴무일로 강제하는 것이 개인의 자유를 침해한다고 설명한다. 또 후자의 경우에는 모르몬교를 선택하는 개인은 일부다처제의 위해에 대해서도 충분히 숙지하고 선택을 한

---

37   밀, 『자유론』, 159-160쪽.

것인 만큼, 종교 선택의 자유를 인정해 주어야 한다는 것이다.[38]

일부다처제를 인정하는 것도 다양한 결혼제도 중의 하나로 밀은 인정하는데, 이것은 그가 살았던 당시 영국사회의 종교적 보수 성향을 감안해 보면, 대단히 파격적인 발언이 아닐 수 없다. 그러나 밀은 자신이 충실한 기독교인이라는 점을 강조하면서도, 종교가 사회적 관습을 강제해서는 안 된다고 주장한다. 이야말로 대단한 진보적 자유주의의 전형적인 모습이다. 그는 십자군 전쟁이 문명 간의 전쟁이었음을 강조하면서, 종교를 빙자한 문명 간의 다툼이 오히려 문명의 퇴보를 가지고 왔음을 강조한다. 계속해서 회교도들이 돼지고기를 먹지 않는 금기에 대해 기독교들이 반감을 가진 경우, 사제가 결혼하는 관행을 비난하는 경우 등을 거론하면서 종교적 관행이라는 것도 문화적 차이에 불과하며, 이것을 두고 서로 다른 문명권이 비난하고 법적 제재를 가하는 것은 자유로운 사회의 태도가 아니라고 비판한다. 사실 이러한 태도는 21세기 세계화 시대에 다문화의 충돌이 심각해져 가는 상황에서, 경청할 만한 철학적 태도이다.

"따라서 우리가 자진해서 박해자의 논리를 채용하지 않는 한, 그리고 우리들은 올바르니까 다른 사람들을 박해해도 좋지만, 다른 사

---

38   밀, 『자유론』, 162쪽.

람들은 잘못되어 있기 때문에 우리들을 박해해서는 안 된다는 주장을 원하지 않는 한. 우리들은 우리 자신에게 적용하면 너무 심한 부정이라고 분개하게 될 그런 원리를 인정하는 일이 없도록 조심하지 않으면 안 된다."[39]

2절 | 『사회주의론』

다음으로 밀의 사회주의에 대해 알아보자. 우선 그의 책『사회주의론』은 밀의 사후에 출판된 것이며, 논리적으로 완결된 저술이 아니다. 그럼에도 불구하고 이 책에는 당대에 유행하던 사회주의 사상에 대한 요약과 비판이 잘 담겨 있다. 따라서 이 책을 중심으로 사회주의에 대한 밀의 입장을 정리해 보자. 그 후『정치경제학 원리』의 핵심 내용을 살펴보면, 그가 제시하는 새로운 경제정책들에 대해서 쉽게 이해할 수 있게 될 것이다.

『사회주의론』의 2장은 한마디로 말해, 당대에 유행하던 사회주의 사상을 밀이 간략하게 요약하고 있는 부분이다.

첫째, 사회주의는 빈곤의 해악을 지적하고 있다. 이것은 매우

---

39   밀,『자유론』, 152쪽.

타당한 지적이다. 특히 밀은 영국사회의 경제적 분배제도에 대해서 분개하고 있다. 예를 들어 가장 적게 받는 사람이 가장 많이 일하는 경우나, 근면한 빈자들이 자기 절제를 하고 있음에도 불구하고 더 많은 희생을 요구당하고 있는 현실에 대해서 개탄한다.[40] 또한 밀은 개인의 빈곤을 결정하는 요인으로 태생적 한계를 지적하는데, 가난하게 태어난 사람은 아무리 열심히 일해도 평생 가난하게 살아간다고 말한다.[41] 또 모략과 계략을 사용하여 부자가 되는 사람이 많은데, 가난한 사람들에게는 정직이 최선의 삶의 방식이라고 가르친다. 이러한 가치관은 부익부 빈익빈을 더욱 가속화시킨다.

둘째, 빈곤의 문제가 사회제도와 연결되어 있다고 사회주의자들은 주장한다. 이것은 빈곤을 개인의 문제로 보던 자유주의자들의 시각에서 한 걸음 앞선 것이다. 밀이 평가하기에, 당대의 생산과 분배의 원칙이 기본적으로 잘못되었다. 그것은 경쟁과 개인주의에 기반하고 있으며, 결국은 적대적인 투쟁으로 내몰리게 된다. 따라서 노동자들의 희생으로 자본가들이 부를 축적하는 구조를 벗어날 수 없다. 이러한 체제 아래서는 다른 사람의 경제적 손실에 의

---

40   밀, 정홍섭 역, 『사회주의론』, 도서출판 좁쌀한알, 2018, 31쪽.

41   오늘날 한국에서 유행하는 말로는 흙수저-금수저에 해당하는 논리라고
      할 수 있겠다.

해서만 나의 경제적 이익이 보장되기 때문에, 공동체 전체가 경제적으로 풍요로워질 수 없다.[42] 결론적으로 당대의 자본주의 사회는 마치 중세의 영주와 농노의 지배관계가 이어지는 것과 흡사한 구조를 가지고 있다. 여기서 밀은 푸리에를 인용하면서 자본주의의 모순을 다음과 같이 정리하고 있다.

"푸리에주의자들에 의하면, 오늘날 사회질서의 경향은 상대적으로 소수의 어마어마하게 부유한 개인이나 회사의 수중에 부를 집중시키고, 공동체의 나머지 사람들을 그 소수에게 완전히 의존하도록 만드는 것이다. 이것이 푸리에에 의해 **산업의 봉건제도**라고 이름 붙여졌다."[43] (강조는 원문)

3장에서는 사회주의가 제기했던 비판에 대하여 검토한다.

첫째는 생활이 빈곤하다는 사회주의 주장에 대해서 검토한다. 일단 밀은 그 사실을 인정한다. 그런데 임금수준이 낮아진 이유를 설명하는 방식에 그는 다른 시각을 보인다. 즉 밀은 임금수준을 평가할 때 반드시 인구증가에 대한 요인을 고려해야 한다고 주장한다. 왜냐하면 노동인구가 많아서 유효노동력이 많아지면 결국 임

---

42   밀, 『사회주의론』, 35쪽.
43   밀, 『사회주의론』, 65쪽.

금수준이 하락하기 때문이다. 따라서 임금수준을 높여서 노동자들의 생활을 고양시키기 위해서는 임금인상을 요구하는 방식과 더불어 인구를 적절한 수준으로 조절할 필요가 있다. 사회주의는 이런 점에서 적절한 대안을 내놓지 못하고 있다.

두 번째는 경쟁의 작용에 대해 사회주의가 편파적인 생각을 가지고 있다. 일단 사회주의는 경쟁으로 말미암아 임금과 보수가 낮아지는 것으로 해석했는데, 이것은 일부분에만 적용될 수 있는 이야기이다. 경쟁이란 노동자들 사이에서 임금을 낮추는 경향으로 작용할 수도 있지만, 물건의 질을 향상시키는 것에도 영향을 줄 수 있다. 단기적으로 값싸게 물건을 판매하여 이익을 보겠다는 심리는 자본주의 사회가 심화되고, 경쟁하는 업체가 많아짐에 따라 점차 사라지게 될 것이다. 왜냐하면 사람들은 동일한 가격대에 더 질 좋은 물건을 선호하는 것이 당연하기 때문이다, 더구나 소비자들이 협동조합 소매점을 만들어, 물건에 사기를 치는 상업자들을 몰아낼 수도 있다. 여기서 밀은 본격적으로 협동조합에 대해서 거론했으며, 『정치경제학 원리』에서는 조합의 필요성에 대해서 길게 설명한다.[44]

---

44   필자가 보기에 협동조합의 전통은 1830년대 이전부터 존재했던 공상적 사회주의(Owenism)로부터 유래하며, 이것을 밀이 적극적으로 수용한 것이라고 본다. 협동조합의 역할을 강조함으로써 밀은 혁명적인 노동자

    세 번째는 자본가의 역할을 긍정적으로 인정하지 않았다는 점이다. 밀이 보기에 공장을 운영하는 자본가는 사업에 돈을 투자해놓고 한 푼도 벌지 못할 수 있다는 불안감을 늘 가지고 있다. 소위 이윤창출에 대한 불확실성을 두고도 투자를 해서 사업을 운영하는 사업가들은 어쩌면 직장에서 해고를 당할 위험을 안고 일하는 노동자보다 더 어려운 상황에 처한 것일 수도 있다. 다른 한편 자본가들이 자신의 자금을 공장운영에 투자하지 않고 이자수익으로 살아가고 있다고 가정해 보자. 이럴 때 자본가들이 편하게 먹고살 수 있는 것과 비교하여 자금을 투자하고 여러 가지 사업위험들을 감수하면서 이윤을 얻어내는 것을 고려해 보면, 단순히 자본가의 이윤이 터무니 없이 많다고 비난할 수만은 없다. 더구나 자본가의 투자금으로 공장이 운영되고 이로부터 일자리가 생겨 노동자들이 일정한 보수를 받는 것과 자본가들이 전혀 투자를 하지 않아 사회적으로 일자리가 줄어든 경우를 비교해 보라. 그럼 자본가를 착취하는 자들이라고 무조건 비난할 수만은 없지 않은가?

    위의 세 가지 사안을 염두에 두고 볼 때 사회주의가 비판하는 것처럼 자본주의 사회의 모순이 불평등한 임금체제와 자본가의 착취

    정치에 대해서 반대를 한다. 그리고 이 점을 베른슈타인이 배워간다. 그리고 1890년대 베른슈타인은 독일 사민당 내에서 수정주의 논쟁을 이끌면서 협동조합의 역할을 강조하게 된다.

에서 비롯된 것이라고 할 수는 없다. 즉 밀에 따르면 사회주의가 자본주의의 문제를 과장하고 있다.

4장에서는 사회주의가 사회개혁의 방법으로 내세운 것들에 대하여 직접적으로 비판한다. 우선 밀은 사회주의를 두 가지로 분류한다. 첫째는 사유재산이나 사회운영방식을 대신하여 작은 공동체를 만들려는 흐름이고, 둘째는 혁명적인 사회주의자들로서 중앙정부가 나라 전체를 관리하려는 흐름이다. 선자의 내표적인 인물이 오엔과 푸리에이며, 후자의 대표적인 인물이 마르크스이다. 그런데 밀은 첫 번째 사회주의 흐름에 대해서는 매우 긍정적으로 받아들이지만, 두 번째 사회주의 흐름은 적극적으로 반대한다. 그 이유는 다음과 같다.

첫째는 단 한 번의 타격으로 낡은 정치체제를 새로운 통치시스템으로 변화시키는 것은 매우 극단적인 방법이다. 그런 방식은 새로운 문제를 만들어 낼 수 있다. 극단적으로 사회체제를 바꾼 후에 현재에 유지하고 있던 생산력으로 돌아올 수 있는 방법도 분명하지 않다. 그래서 혁명 후의 인구를 제대로 부양할 수 있을지 확실하지 않다.[45] 즉 생산활동이 숙성되어 노동자와 가족을 먹여 살리기

---

45   중국이 공산혁명을 성공한 후 1958년부터 1962년까지 대약진 운동을 전
      개한 일이 있다. 이때 농업과 공업을 동시에 발전시킨다는 목표 아래 집
      단농장체제를 시도했다. 즉 모든 토지와 농업은 국가소유이며, 대규모

위해서는 역시 자본의 축적이 필요하다. 따라서 나라 전체를 하나의 중앙 조직을 통해서 운영하려는 시도는 매우 위험스러운 것이다.

둘째는 공산주의 경제에서 사람들이 똑같은 배당을 받기 때문에 과연 생산에 대한 의욕이 있을 것인가도 분명하지 않다. 자본주의 사회에서는 관리자가 운영의 효율성과 경제성을 최대한 발휘하도록 독려하여 경제성장이 가능하겠지만, 이러한 생산의욕이 공산주의 사회에서도 가능한지 확실하지 않다는 것이다. 물론 공산사회의 관리자들이 협동심이나 명예심 따위 등을 발휘하여 생산력을 높이려고 노력할 수도 있겠지만, 그것이 자본주의 사회의 이윤동기와 비슷할지는 의문이다. 결국 밀이 결론 내리기를, 공산주의 사회에서 보통의 노동자들이 자기 몫 이외에 더 많은 일을 하려고 하지 않을 것이며, 따라서 효율성이 떨어질 수밖에 없다. 더구나 일을 똑같이 배분해야만 하는데, 이것은 현실적으로 불가능한 일이다.

셋째는 공산주의 사회가 공동의 생산과 분배라는 절차를 유지하기 위해서는 공동체 구성원이 모두 높은 수준의 교육을 받아 공

인력을 동원하여 농업과 철강산업을 발전시키려 했다. 또 인민공사라는 대규모 공동체를 형성하여 숙식을 공동으로 해결하려 했다. 그러나 대약진 운동은 실패로 끝났고, 450만 명이 기근으로 사망한 것으로 알려졌다. 대약진 운동이 실패는 사회주의 혁명 후 계획경제를 통해서 생산력을 충분히 확보할 수 없다는 교훈을 남겼다.

산사회의 이념을 실천할 수 있는 윤리의식을 가져야 한다. 즉 자본주의 사회에서는 더 많은 이윤을 가지고 싶다는 동기가 경제활동을 이끌어가지만, 공산주의 사회에서는 전체 공동체를 위해서 일을 하고, 그 협동체가 필요로 하는 노동력을 제공한다는 책임의식을 가지고 있어야 한다. 이러한 공동체 의식과 책임감이 과연 교육을 통해서 가능할 수 있을까?

넷째는 밀이 보기에 사유재산제도는 극단적인 사적 소유권과 집단공동소유라는 두 가지 형태만 있는 것이 아니라, 그중에 다양한 형태의 소유제도를 만들 수도 있다. 그런데 공산주의 이념은 자본주의의 모순과 사적 소유권을 등치시키고, 소유제도의 폐단을 없애기 위해서는 공동 소유제도만이 해답이라고 주장한다. 그러나 소유권 제도의 변화만으로 경제적 문제를 해결할 수 없다. 따라서 유연한 자세를 가질 필요가 있는 것이다. 한편 소유권 제도라는 것은 법률이 정하는 것일 뿐만 아니라, 사회적 관행에 따라 다르게 적용되는 것이다. 또 시대와 나라에 따라 적용 방식도 다양할 수 있다.

그렇다면 밀이 바람직하게 생각하는 소유권의 방식은 무엇인가? 그 대답이 『정치경제학 원리』에 잘 나타나 있다. 사실 이 책은 5권으로 이루어진 방대한 저서이며, 여기에는 정치, 경제, 조세, 노동문제 등이 총망라되어 있다. 다루고 있는 주제도 방대할 뿐만 아니라, 내용도 매우 현실적이어서, 당대의 시대적 배경을 알아야만 이해되는 텍스트이다. 그렇지만 필자는 자유주의와 사회주의 양자를 넘어서려는 밀의 개혁 정신을 염두에 두면서 꼭 주목해야 할

부분만을 정리해 보고자 한다.[46]

우선 2권의 1장과 2장을 자세히 보자. 이 부분은 재산이라는 제목을 달고 있으며, 그 내용은 분배의 방식에 관련된다. 밀은 생산과 분배의 영역을 분명하게 나누고, 양자의 내용을 다른 방법으로 설명하고 있는데, 이것은 마르크스의 정치경제학 방법론과 대립되는 시각이다. 즉 마르크스는 자본주의 생산양식 아래 생산과 분배는 하나의 체제로 동일한 규칙을 가지고 운영된다고 생각했던 반면, 밀은 생산과 분배는 다른 원리에 의해서 움직인다고 가정한다. 다시 말해 생산은 물리학의 법칙과도 같은 것이어서 투입된 요소와 외부적인 구조에 의해서 생산량이 결정되고, 그에 따르는 운영법칙을 예상할 수 있다. 그러나 분배는 인간이 만들어 놓은 제도이다. 따라서 인간의 역사적 관행에 따라 분배의 몫이 달라진다. 즉

---

46 보통 이 책은 경제학을 전공한 학자들이 주목하는 책이다. 1930년대 현대적인 의미에서 경제학이 성립하기 전까지, 이 책은 옥스퍼드 대학에서 정치경제학 교과서로 사용된 교재였다. 그러다가 20세기를 넘어오면서 정치적인 분야는 제외되고, 순수하게 경제학만을 가르치는 것이 경제학의 전통이 되면서, 교재로서 지위를 상실하게 된다. 이때 전통적인 경제학이란 수리적인 것에 기초하여 미시적인 경제 현상을 연구하는 한계효용학파를 가리킨다. 필자가 보기에 이 책은 정치와 경제의 중간영역에서 당대의 사회모순을 개혁하기 위해 집필된 명저이다. 여기서 필자는 정치적인 의미가 강하게 남아 있는 부분을 강조해서 정리해 보려고 한다.

분배란 시대와 나라에 따라 다르고, 앞으로도 달라질 것이다.[47] 이 마지막 문장은『사회주의론』에서 밀이 강조했던 내용인데 다시 반복되고 있다.

그래서 밀은 1장에서 사유재산의 역사에 대해서 다룬다. 사유재산이 처음 유럽에 도입되었을 당시에는 사적 소유로 인한 불평등이 존재하지 않았을 것이라고 추정한다. 이것이 원시공동체의 시작이다. 만일 최초의 공동체에서 사유재산으로 인해 개인들 간에 불평등이 문제가 되었다면, 애초부터 사적 소유는 인정되지 않고 공유재산만을 산업활동의 기준으로 삼았을 것이라는 논증을 편다. 이 말의 의미는 무언가? 당대의 영국사회가 사적 소유로 인해 경제적 불평등이 발생했으며, 따라서 이 문제를 해결하기 위해서는 사유재산 제도를 변경해야 한다는 뜻이다. 사유재산 제도를 바꾸는 것은 시대적 요구임을 천명한 것이다.

그런데 밀이 보기에 사유재산제도를 비판하는 사회주의 흐름에서 오엔이나 푸리에의 사상은 수용할 수 있지만, 마르크스의 사상은 받아들이기 어렵다. 그 이유는 이미『사회주의론』에서 상세히 서술된 바 있지만, 특히『정치경제학 원리』2권 1장에서는 푸리에의 사상을 매우 높이 칭찬하고 있다. 푸리에는 생산물을 분배할 때

---

47   밀, 박동천 역,『정치경제학 원리』2, 나남, 2010, 20쪽.

고려할 요인으로 노동과 자본을 함께 언급하는데, 이점을 밀은 대단히 높이 평가한다. 또 완전하게 사유재산의 철폐를 주장하지도 않는다. 즉, 노동, 자본, 재능이라는 3가지 요소 사이에서 결정된 비례의 기준으로 분배가 결정된다. 필자가 보기에 푸리에는 밀이 구상하는 진보적 자유주의 체제에 가장 큰 영향을 준 사람이다. 즉 밀은 푸리에를 통해서 자유주의의 폐단과 사회주의의 결함을 모두 넘어설 수 있다고 확신하는 것 같다.

> "공동체의 자본은 구성원 개개인이 서로 다른 비율로 차등적으로 소유할 수 있고, 그 경우 여느 공동출자회사와 마찬가지로 각자의 지분에 비례해서 배당받는다. 재능 몫으로 돌아가야 할 부분 가운데 각 개인의 몫이 얼마인지는 그 사람이 속해서 일한 노동자집단에서 그가 차지하는 등급 또는 서열에 따라서 정해진다. 이 등급은 언제나 동료들의 선택에 의해서 부여된다. 급부를 받은 다음 소비나 처분은 반드시 공동으로 해야 할 필요가 없다."[48]

그리고 푸리에는 공동체 안에서 사고파는 일 모두 단일한 상점을 통해서 이루어지도록 했는데, 이것이 유통을 통해 거대한 이윤

48   밀, 『정치경제학 원리』 2, 39쪽.

을 독점하는 당대의 경제적 모순을 해결하는 데 큰 시사점을 준다. 또 노동의 협동체제를 통해서 노동의 효율성이 증대될 것이다. 공동체에서 개인의 등급은 자신이 부여받은 임무와 공헌도에 따라서 결정되는 것이기에 계급지배 따위는 애초부터 생겨나지 않는다. 이러한 집단공동체의 최고목표는 구성원 모두가 더 많은 이익을 나누어 행복해지는 것이다.

2권 2장에서는 자본의 역할에 대해서 논의한다. 적어도 마르크시즘에서 자본은 노동을 착취하는 도구로 인식되지만, 밀이 보기에 자본 또한 노동과 절제에 의해서 만들어진 것이다. 자본이 투자되어 더 많은 이윤을 창출하는 것은 부인할 수 없는 사실이며, 이것이 제대로 분배만 된다면 노동자들의 편익도 증가하는 것이다. 따라서 자본의 생산성에 대해서 부인할 이유가 없다. "자본가는 노동자 없이 아무것도 할 수 없고, 노동자도 자본가 없이 아무것도 할 수 없다."[49] 이것이 밀의 중도정치 사상을 한마디로 요약하고 있는 문장이다.

한편, 자유주의와 사회주의 한계를 동시에 뛰어넘으면서, 새로운 개혁정신을 잘 표현하고 있는 것이 유산에 대한 밀의 입장이다. 밀에 따르면 재산이란 자신의 능력에 근거하여 자신이 생산한 것

49   밀, 『정치경제학 원리』 2, 45쪽.

을 공정한 시장에서 생산물과 바꾸어 얻는 것과 그에 대한 권리이다.[50] 따라서 유산은 재산권의 대상이 아니다. 유산상속과 관련하여 밀은 역사적 선례를 살피면서, 이 제도 역시 시대에 따라 변화되어 왔음을 증명한다. 그러면서 내리는 결론은 유산상속의 근거가 과거에는 공동재산의 형식으로 출발했으며, 장자우선권을 주장했었다는 것이다. 그러나 자본주의 시대에 들어와 소유권의 단위는 집단에서 개인으로 바뀌었고, 따라서 자식이 부모로부터 받는 유산상속의 권리도 달라져야 한다. 즉 순전히 자식이라는 이유로 아무런 노력도 없이 부모로부터 재산을 물려받을 권리는 없는 것이다. 또 자식에게 많은 재산을 물려주는 것이 사회를 위해서나 개인을 위해서나 좋지 않다. 자식에게 바람직한 교육을 지원해 주고 성인이 되어 직업을 가지고 자신의 노동으로 부를 축적할 수 있는 방법을 알려주는 것으로 부모의 의무는 그치는 것이다. 자식도 그 정도에서 부모로부터 받은 혜택을 멈추어야 한다.

이러한 논리는 노동 없이 소유도 없다는 원칙을 재정립하게 만든다. 밀은 2장 4절에서 상속에 대한 기준을 설명한 후, 5절에서는 토지재산에 대한 세금 기준을 설명한다. 이 두 가지 예를 통해서 그가 강조하는 것은 노동 없이 부를 향유하는 자본주의 폐단을 개혁

---

50   밀, 『정치경제학 원리』2, 47쪽.

해야 한다는 것이다. 토지에 대한 소유권에서도 밀은 역시 재산제
도의 핵심은 노동하고 생산하는 것이라는 점을 재차 강조한다. 따
라서 토지를 통해서 노동을 하고 생산한다는 의미는 경작을 위해
땅을 개간하는 것이다. 이로부터 토지를 임대하거나, 비옥한 토지
에서 부수적으로 나오는 수입은 토지재산의 한계를 넘어선다. 여
기서 더 나아가 토지가 공적인 재산권으로 취급할 수 있는 권리는
국가에 있다. 만일 철도나 도로를 건설할 필요가 있을 때 국가의 재
량에 따라 토지 일부를 수용할 수 있으며, 이것은 더 많은 사람들의
공동이익을 위한 국가의 권리에 속한다. 이처럼 토지는 공적인 성
격을 지니는 부동산인 만큼 토지의 값(임대료)을 매기거나, 토지의
사용을 결정하는 것은 공동이익을 우선으로 고려해야 한다.[51]

    토지에 대한 문제는 노동하지 않고 얻은 소득, 즉 불로소득에 대
한 국가의 정책을 결정하는 데 대단히 중요한 기준이 된다. 이 문제
는 2권 16장에서 지대라는 쟁점으로 다시 한번 설명되고 있다. 그
리고 후일 페비안 사회주의자들이 밀의 지대 개념을 보다 개혁적
으로 수용하여 국가의 공적 자산이라는 개념을 만들어 내는 계기

---

51   이것을 오늘날 한국사회에 비추어 해석해 보자면, 땅투기를 하거나, 아파
트 투기를 통해 이익을 남긴 사람들은 공정한 노동과 생산을 통해서 재산
을 증식한 것이 아니기 때문에 세금으로 이익의 상당부분을 국가가 징수
해야 한다.

가 된다. 따라서 좀 더 깊게 살펴볼 필요가 있다.

질문의 시작은 다음과 같다. 도대체 정당한 토지의 값은 어떻게 결정되는가? 대답은 한계토지의 개념부터 시작한다. 한계토지란 경작을 하여 생산물을 수확했을 때, 여기에 투입된 비용(노동비용, 노동기구, 씨앗과 비료 등)을 제외하고 남은 수익이 제로인 경우 그 토지를 한계토지라고 부른다. 한계토지 아래 등급은 손해가 발생하기 때문에 경작을 하지 않을 것이며, 한계토지를 넘어서는 비옥도를 가진 토지는 임대료를 받을 것이다. 이것이 리카도의 차액지대설이며, 밀은 이것을 토대로 자신의 이론을 전개한다. 논점은 간단하다. 농부가 토지를 임대하여 농사를 짓는 경우 토지소유자는 임대료를 얼마나 받는 것이 정당한가? 토지에 들어간 비용과 임대료를 제외하고 생계를 유지할 수 있는가에 따라 결정될 것이다. 만일 비용을 제외하고 임대료가 너무 높아 임대 소농들이 생계를 유지할 수 없다면 농사를 짓지 않게 될 것이다. 조금 더 학문적으로 정리하자면 다음과 같다.

"이와 같은 두 가지 조건을 농부와 지주의 경우에 적용해 보면, 농부가 자기 자본의 전체에 대하여 정상이윤을 요구할 것이고; 만약 그에게 돌아오는 수익이 그보다 많다면 그만큼을 지주에게 지불해야 할 의무가 있지만, 그는 이상의 지대 지불에는 동의하지 않을 것이며; 단지 정상이윤밖에 내지 못할 정도로 생산성이 낮은 상황에서도 농업에 투하되는 자본이 일부 있고; 그런 자본에서 나오는 생산량과 비슷한 액수의 자본이 다른 곳으로 투하되었을 때 생산량의 차이만큼이 그처럼 다른 곳에 투하된 자본들이 지대의 이름으로 지주에게 지불할 수 있고 지불해야 할 배당이라는 말은 모두 참이다. 이것이 지대의 법칙이다."[52]

여기에서 중요한 조건은 모든 토지가 경작되어야 하며, 수익률이 낮아지는데도 자본이 점점 더 투자되기 때문에 낮은 비옥도의 토지도 경작의 대상이 된다는 점이다. 다시 말해 기술력이 발달되지 못한 시대에 한계토지에 해당하는 대상들이 자본과 기술력이 높아짐에 따라 한계토지의 대상을 벗어나서 경작대상이 된다는 것이다. 이러한 지대이론은 자본주의 사회에서 이윤이 발생하는 원인을 설명하는 기초이고, 분배를 결정하는 중요한 기준이 된다. 한마디로 노동자가 자신과 가족의 부양을 위해 필요한 것 이상을 생산해야만 이윤이 발생한다. 이렇게 놓고 보면 이윤이라는 것이 판매가격과 구매가격의 차이라고 설명하는 기존의 이론은 잘못되었다. 왜냐하면 이러한 설명은 이윤이 시장경제의 교환관계에서 발생하는 것이라고 보기 때문이다. 밀에 따르면 이윤은 생산력에서 발생한다.

52   밀, 『정치경제학 원리』 2, 358쪽.

더구나 시간이 지남에 따라서 땅값이 올라가는 지대상승은 국가가 세금을 통해서 징수해야 한다. 이것은 토지가 노동하지 않고 이윤을 통해서 기생하는 계급을 인정하지 않겠다는 의지의 표현이다. 또 토지가 기본적으로 국가의 소유여야 한다는 시대정신을 반영한 것이다.[53] 즉 유증이나 유산으로 상속된 재산에 대해 과세하는 것은 불평등한 분배를 수정하기 위한 기본적인 정책이다.

"특정 계급으로 하여금 그로써 자신의 부를 노력 없이 추가하도록 허용하는 대신에 그 접근로를 사회의 이익을 위해 활용하는 것뿐이다. 지대와 관련해서는 실제로 이와 같은 일이 벌어지고 있다. 무릇 어떤 사회에서든지 부를 증진하는 방향의 통상적 발전은 언제나 지주들의 소득을 늘려주는 경향을 가진다. (…) 말하자면 일하지도 않고 위험부담을 무릅쓰지도 않고 절약하지도 않으면서 잠자는 동안에도 그들은 더 부유해진다. 사회정의라는 일반적인 원칙에 비춰볼 때 이런 식으로 부를 취득할 권리가 그들에게 있다고 주장할 수 있는 근거가 무엇인가? 만약 사회가 그처럼 저절로 증가하는 지대에서 세금을 거둠으로써 재정적 긴박성으로 말미암아 필요한 최대액수를 중단한다고 하면 어떤 점에서 그들에 대한 부당한 대접이라고

---

53   밀, 박동천 역, 『정치경제학 원리』4, 나남, 2010, 190쪽.

할 수 있을까?"[54]

물론 상속도 사회정의에 맞지 않는 분배방식이다. 그러나 유증이나 상속이 인정받기 위해서는 두 가지 전제가 필요하다. 첫째는 스스로 자립할 수 없는 자식이 있을 때 재산에서 일부분을 떼어 유보할 수 있다. 그렇지만 이 경우에도 적절한 독립이 가능한 액수 이상으로 상속해서는 안 된다. 국가가 해야 할 일은 부모가 살아 있을 때 자식들에게 제공할 수 있는 정도의 양육비를 고려해서 상속을 결정하는 것이다.[55] 나머지는 세금으로 징수해도 된다는 것이 밀의 주장이다.

이렇게 두고 보면 정당한 분배, 정당한 임금을 결정하는 기준이 성립한다. 우선 생산에 참여하지 않는 사람들은 정당한 임금을 받을 자격이 없다. 이러한 맥락에선 이자, 임대료, 지대와 같은 재산소득을 받는 부자들은 그럴 권리가 없으며, 이러한 소득은 세금으로 징수해야 한다. 또 정당한 임금이란 노동자와 가족을 부양하는 수준이 되어야 한다. 당대 영국 사회에서 임금이 터무니없이 낮게 책정되어 가족의 부양은 고사하고 노동자들의 생계를 유지하기도 힘들었다. 이러한 불평등한 분배제도를 비판하는 데 지대설은 대

54   밀, 『정치경제학 원리』 2, 186쪽.
55   밀, 『정치경제학 원리』 2, 294쪽.

단히 중요한 이론적 근거를 제공했다. 밀의 이론적 비판은 영국 사회에서 최저임금제도, 임금보조제도, 생활보조제도 등과 같이 빈자를 위한 지원제도를 마련하는 계기가 되었던 것이다. 또 1880년대를 지나면서 노동자계급의 안정을 위해 공공복지제도(산업재해보험, 질병보험, 노령보험)들을 정비하도록 자극을 주었다. 그러나 밀이 보기에 임금보조금, 최저임금제 등은 근본적으로 노동자들의 빈곤문제를 해결하는 것이 아니다.

> "정의롭든 정의롭지 못하든 평준화하는 제도만으로는 더 나은 분배를 달성할 수 없다. 평준화로는 사회의 꼭대기를 낮출 수 있겠지만, 평준화만으로 바닥을 끌어올릴 수 없다."[56]

그렇다면 어떻게 해야 할까? 이 문제에 대답하기 위해서 밀은 인구의 증가가 임금에 미치는 영향에 대해서 심각하게 고민한다.

---

[56]   밀, 『정치경제학 원리』 2, 94쪽. 현재 한국사회에서 복지의 확대를 두고 진보와 보수 간의 논쟁이 치열하다. 진보는 복지를 확대하여 빈곤층을 도와야 한다는 입장이고, 보수는 복지의 확대가 복지병을 만들어 내어 빈곤층의 일할 의욕을 저하시킨다는 입장이다. 결국 이 양자를 극복하는 방식이 한국사회에서 중도정치가 필요한 이유라고 생각한다. 이러한 맥락에서 밀의 분배정책은 한국사회에 시사하는 바가 크다.

노동인구가 증가하면 결국 노동시장에서 경쟁이 심화되거나 임금 수준을 낮추게 되는 효과가 있다. 따라서 인구의 조절이 매우 중요하다. 세금을 통해서 최저 임금제를 실시하면 단기적으로 노동자의 생활을 개선시킬 수 있지만, 장기적으로 인구억제가 수반되지 않으면 이러한 방법이 무효하다. 적어도 밀의 계산에 따르면 인구의 증가만큼 임금기금이 증대하여야 하며, 이를 위해서는 세금을 더 늘려야 한다. 그런데 증세는 필연적으로 생산력의 저하로 이어질 것이다. 임금보조제도나 생활보조금 제도도 마찬가지 이유에서 바람직스럽지 않다.

그래서 밀은 노동자들의 태도를 중요하게 생각한다. 대부분의 사회주의 이론들은 노동하지 않고 돈을 버는 계급을 비난하는 데 집중해 왔지만, 밀의 개혁된 사회주의론은 자본가뿐만 아니라 노동자 계급의 각성도 매우 필요한 것이라고 주장한다. 더 열심히 일하고 더 절약하겠다는 정신을 키우는 것이 노동자 생활을 개선시키는 근본 대책이라고 생각하기 때문이다. 노동계급의 미래에 대해 노동자들이 얼마나 합리적인 존재로 행동하느냐[57]에 따라 그들의 삶이 달라질 것이다. 여기서 노동자들에 대한 교육의 필요성이 강조된다. 자본주의 사회의 모순을 인식하고, 노동계급의 미래를

---

57   밀, 『정치경제학 원리』 2, 104쪽.

함께 고민할 수 있는 각성된 인간이 필요하다. 또 인구를 줄이기 위해서 산아제한이 필요한데, 이를 위해서도 교육이 필요하다. 그래서 밀은 무상초등교육제도를 주장했다.

> "정부와 개인들의 노력을 통해서 학교 교육이 질과 양에서 크게 향상될 터이고, 정신의 함양과 거기에 수반되는 덕성에서 인민 대중의 진보가 더욱 빠르게, 홀로 내버려 두었을 때에 비해 중단되거나 일탈도는 빈도를 줄이면서 일어날 것이라는 희망에는 이유가 있다."[58]

노동자 계급의 합리적 행동의 유형에는 시민적 덕성을 고양시키는 것과 함께 자본가와 협동하는 방법이 포함된다. 밀은 심지어 노동자들이 자기 사업을 하고, 최종적으로 다른 사람을 고용하는 경우가 종종 있다고 말한다. 그러니 자본가와 노동계급의 적대 감정을 벗어나서 공평함을 나눌 수 있는 관계를 만들어야 한다고 주장한다. 여기서 그는 몇 가지 사례를 들고 있다.[59]

첫 번째는 콘월 지방의 광산에서 있었던 협동사례이다. 광산의 소유주와 광부집단이 계약을 맺고, 노동자들은 자신이 회사의 동

---

58   밀,『정치경제학 원리』2, 106쪽.
59   밀,『정치경제학 원리』2, 113-114쪽.

업자라는 생각으로 일을 한다. 그리고 회사를 통해서 저렴한 가격에 임대한 집에서 살면서 생활의 안정을 찾는다.

두 번째는 어촌에서 소유주와 포경선원 사이에 있었던 협동사례이다. 어획량의 절반은 배와 그물의 소유주에게 속하고, 나머지 절반은 배와 그물을 사용하는 사람들 사이에서 동등하게 분배하는 방식이 진행된 바 있다.

세 번째는 파리의 주택페인트 업자의 사례이다. 평균 2백 명의 일꾼을 고용해서 고정임금을 지불하면서, 각각의 일꾼들이 책임을 넘어서는 액수를 받아가는 방식을 선택했다. 즉 이윤을 전체 직원에게 각자의 급료에 비례해서 분배한 것이다.

위의 세 가지 예를 통해서 밀은 자본가와 노동자 사이에 잉여이윤의 공동분배 방식을 거론한다.[60] 처음에는 자본가가 잉여이윤을 모두 가져가던 방식에 비해 금전적으로 손해를 보는 것 같지만, 나중에는 자본가가 노동자에게 양보한 금액을 넘어서는 이윤이 창출되었다는 점을 강조한다. 이런 방식으로 자본가와 노동자가 유대를 한다면 서로 상생할 수 있는 기반을 마련할 수 있다. 즉 자본가는 사업의 위험을 줄이고, 노동자는 생계의 위험을 줄일 수 있다.

60   한국사회에서도 이명박 정부 시절 거대 기업의 이윤 공유제를 주장한 관료가 있었으나, 이윤의 공유방식과 범위를 두고 논란이 많아서, 제대로 시행되지 못했다.

"만약 직공에게 지속적인 고용이 보장되기만 한다면, 그의 입장이 어떤 점에서는 주인의 입장보다 탐낼 만하다. (…) 반면에 주인은 얼마나 수익을 올릴지가 여러 가지 운수에 많이 달려 있다. 그의 입장은 계속되는 초조와 근심으로 가득 차 있다. 만약 주인의 이익과 일꾼들의 이익이 서로 한데 묶인다면, 1년의 이윤을 분배하는 방식으로 확보될 수 있을 어떤 상호안전의 유대로 서로 연결된다면, 그렇게 까지는 되지 않을 것이다."[61]

물론 노동자들은 노동조합이라는 조직이 필요하다. 이러한 대리인을 통해서 노동자들은 최소한 노동조건을 협상할 수 있기 때문이다. 그러나 무조건 많은 임금을 받아 내는 것이 노동조합의 최종 목표가 될 수는 없다. 왜냐하면 하나의 산업에서 노동조합이 높은 임금을 받아 낸다면, 주변의 다른 산업에게도 영향을 줄 수밖에 없기 때문이다. 예를 들어 높은 수준의 임금을 유지하기 위해서 다른 분야의 노동자 고용이 줄던가, 혹은 임금수준이 낮아질 것이다. 따라서 임금협상은 전체 산업을 고려해야 하며, 부분적인 임금인상이 장기적으로 지속될 수는 없다. 그러므로 노동자와 자본가의 협

61   밀, 『정치경제학 원리』 2, 116쪽.

동체제야말로 노동자의 삶을 고양시키는 가장 합리적인 방법이다.

결론적으로 밀이 구상하는 이상적인 사회란 개인의 자유와 공정한 분배가 동시에 실현되는 사회이다. 노동자들이 협동조합을 통해서 기본적인 노동조건을 보장받으면서, 자본가와 이윤을 공유하는 협동체제가 이상적인 사회의 모범이라고 하겠다.

3장 | 페비안 사회주의: 1차적 중도정치

앞에서도 잠시 언급했듯이, 영국에서는 조합주의나 차티스트와 같은 독자적인 노동자 운동이 존재했기 때문에, 마르크시즘에 기반한 혁명적 노동운동이 활발하게 전개되지 못했다. 물론 사회민주동맹이나 사회주의자 동맹과 같이 마르크시즘의 이념을 표방하면서 생긴 단체가 없었던 것은 아니지만, 그다지 성공적이지 못했다. 그러다가 1890년을 전후로 젊은 중산층 지식인들이 주도하는 협회가 생겨나서, 사회주의와 노동운동의 이념을 선도하기 시작한다. 그것이 바로 페비안 협회이다.

페비안 협의에 참여했던 사람들은 주로 공무원, 교원, 사무원, 저널리스트 등이었다. 그러니 순수한 노동자 운동단체는 아니었다. 이 모임의 출발은 새로운 생활(New life)을 전개하여 사회개혁을 이루어보자는 신생활 동지회(fellowship of the new life)였다. 신생활 동지회를 주도했던 데이비드슨은 모든 개혁이 자기 개혁으로부터 시작된다고 강조하는 이른바 이상적 개혁주의자였다. 그의 논리는 사람들 사이의 우정과 사랑을 실천하는 것이 이상적인 사회를 건설하는 기초이며, 일상의 직업에서 실천하는 것이 사회개혁의 시작이라고 말했다. 이러한 모임이 확대 발전되어 페비안 협회가 되었다.[62]

초창기 페비안 협회에 참가했던 인물을 보자. 우선 버나드 쇼는 저널리스트, 시드니 웹 부부는 전문적인 공무원이었다. 특히 웹 부부는 후일 구체적인 사회문제를 조사하고 맞춤형 복지활동을 실천하는 전문가가 된다. 왈라스는 옥스퍼드 대학 출신의 수재였으며 지방자치제를 주장했던 행정 전문가였다. 이 사람들은 거의 20대였으며, 사회주의에 관심이 있었으나, 마르크스를 읽어 보지 못한 사람들이 대부분이었다. 이들은 기본적으로 혁명적인 사회주의 운동을 반대하고 점진적인 개혁만이 사회개혁의 유일한 방법이라고 생각했다. 특히 국가기구를 민중을 억압하는 조직으로 간주하기보다는 개혁정책을 추진하는 단위라고 생각했다. 따라서 페비안들은 주로 국가에 '침투'하여 국가공무원에게 영향을 미치고, 개혁 입법을 마련하는 것이 실질적인 사회주의 운동이라고 생각했던 것이다.

〈페비안 협의 기본원칙〉에 보면 사회주의 견해의 보급에 노력함과 동시에 그 결과로서의 사회적 정치적 개혁을 희망한다고 적혀 있다. 그리고 협회는 새로운 사회에 대한 지식을 일반 사람들에게 보급시킴으로써, 이러한 목적을 달성한다고 공표했다.[63] 이런 면에서 페비안 협회 운동 방식은 대중을 계몽시키고, 정부의 공무원들에게 영향을 미쳐 정책을 개혁하는 점진적인 의회주의 운동이

---

62   박광준, 『페비안 사회주의와 복지국가의 형성』, 대학출판사, 1990, 57-65쪽.

63   박광준, 『페비안 사회주의와 복지국가의 형성』, 88쪽에서 재인용.

었다. 이들은 700회가 넘는 대중강연을 진행했는데, 그 초안이 『페이비언 사회주의』[64]라는 책으로 출판되었다. 이 책의 내용을 중심으로 페이비언 협의의 사상과 실천강령들을 정리해 보도록 하자. 우선 이 책의 1920년판 서문을 쓴 시드니 웹은 다음과 같이 말하고 있다.

"비록 우리는 계급의식에 젖은 소수의 물리력에 의한 혁명을 신뢰하지 않지만, 자유당과 보수당 모두에 대립각을 세우는 진정한 사회주의 정당의 형식과 그것이 영국 정치로 진입함이 없이 사회주의로 실현되거나 사회주의로 의미 있는 진전이 있으리라고 기대하지 않았다. (…) 우리는 이른바 '침투(permeation)' 즉 사회주의 사상과 프로젝트를 완전한 전향자뿐만 아니라 우리와 의견을 달리하는 사람들의 정신 속으로 설득, 주입시키는 일을 전심을 다해 신뢰했고, 정치적 자유주의자들 혹은 급진주의자들뿐 아니라 정치적 보수주의자들을 대상으로, 노조주의자들과 협동주의자들 뿐만 아니라, 기업가들과 금융가들을 대상으로 하여 선전자로서 온갖 노력을 아끼지 않았다."[65]

---

64   버나드 쇼 외, 고세훈 역,『페이비언 사회주의』, 아카넷, 2006.

65   버나드 쇼 외,『페이비언 사회주의』, 64쪽.

이어서 시드니 웹은 페비안 협회의 목표에 대해 2장에서 구체적으로 설명하고 있다. 그 내용은 아래와 같다.[66]

1. 세제개편
2. 공장법 확대
3. 교육개혁
4. 지방정부 확대
5. 정치기구 개혁
6. 구빈법 행정 개편

위에서 열거된 6가지 개혁 목표는 페비안 사회주의 운동의 핵심에 해당하는데, 필자가 보기에, 그 내용은 세 가지로 분류될 수 있다. A) 세제개편, 공장법 확대, 교육개혁을 하나의 목표로 묶어 생각해 볼 수 있다. B) 지방정부의 확대와 정치기구의 확대가 두 번째 목표이다. C) 구빈법 행정의 개혁이 세 번째 목표이다. 아래에서 그 특징적인 내용을 이론적으로 정리해 보자.

---

66   버나드 쇼 외, 『페이비언 사회주의』, 163-165쪽.

A. 렌트의 탄생

우선 첫 번째 목표가 어떤 의미를 갖는지 알아보기 위해서, 시드니 웹이 제시한 3가지 목표의 구체적인 내용을 다시 정리해 보자.

1. 페비안 사회주의자들은 조세부담을 노동자에서 지대와 이자소득자로 완전히 이전함으로써 후자에 속하는 계급의 궁극적이고 점진적인 소멸을 꾀한다.
2. 공장법의 확대를 통해 최저임금과 최대 노동시간에 대한 일반적인 승인을 획득함으로써 편안한 삶의 기준을 보편적으로 고양한다.
3. 그리고 이러한 목표를 위해서 교육개혁을 시행한다. 이것은 가장 빈한한 가정의 어린이들을 포함한 모든 아동들에게 단순한 교육을 넘어서, 그들의 능력이 닿는 한 최상의 교육을 제공한다.

도대체 이 3가지 목표가 어떻게 하나로 이어지는가? 이 연결 고리를 알아내기 위해서는 페비안 사회주의자들이 제창한 렌트의 개념을 반드시 알아야 한다. 이것이 페비안 사회주의의 사상적 핵심에 해당하는 만큼, 여기에서 논의를 가장 길게 이어가려고 한다.

우선 세금의 부담을 노동자에서 지대와 이자소득자로 이전하고, 후자의 계급을 궁극적으로 소멸한다는 말이 무슨 뜻인가? 그리고 이것이 공장법을 확대하여 최저임금을 확보하도록 한다는 것과 어떤 관계가 있는가? 이것을 이해하기 위해서는 지대개념을 둘러 싼 밀과 헨리 조지의 차이점을 알아야 한다.

우리는 지대와 관련된 밀의 입장을 앞 절에서 충분히 살펴본 바 있다. 그렇다면 헨리 조지는 지대와 관련하여 어떤 입장이었나? 사실 페비안 사회주의에게 가장 큰 영향을 준 사람은 헨리 조지였고, 그의 책『진보와 빈곤』은 페비안 사회주의 개혁정책에 큰 자극을 주었다.[67] 그렇다면『진보와 빈곤』에서 헨리 조지는 밀을 어떻게 비판했고, 그의 사상은 페비안 사회주의에게 어떤 영향을 주었나?

우선 헨리 조지의『진보와 빈곤』[68] 4부 2장을 들여다 보자. 이 장의 제목은 "부가 증가하는데도 빈곤이 지속되는 현상"인데, 이것은 당시 영국이나 미국의 경제 현실을 한마디로 표현하고 있다.[69] 사실 헨리 조지는 지식인이라기보다는 노동 운동가였고, 실천적 정

---

67   버나드 쇼는 헨리 조지의 책을 읽고 비로소 자신이 사회주의가 되었다고 고백을 한 바 있다.

68   헨리 조지, 이종인 역,『진보와 빈곤』, 현대지성, 2023.

69   오늘날 한국사회의 현실에 이 질문을 던져 보면 어떨까? 국민소득은 30년 전에 비해 크게 증가하였지만, 개개인의 삶은 점점 더 어려워지는 것이 실상이다. 왜 이런 일이 일어나는가? 헨리 조지가『진보와 빈곤』에서 던지고 있는 질문이 한국사회에서 여전히 큰 울림을 주고 있지 않은가?

치인이었다. 그래서인지 그의 글쓰기는 이론적이기보다는 언제나 직접적이고 단호하다. 4부 2장에서 헨리 조지는 아주 명확하게 다음과 같이 말하고 있다.

"생산력이 증가하는데도 불구하고 임금은 최저 생계 수준으로 꾸준히 하락해 왔다. 이렇게 된 이유는 생산력이 증가하면서 지대가 전보다 더 큰 폭으로 올라갔고 그 결과 꾸준히 임금을 인하시켜 왔기 때문이다."[70]

1800년대 초 계몽주의 사상은 과학기술의 발전으로 생산력이 증대하면 사회적 부가 커져, 더 풍요로운 사회가 올 것이라고 예상한다. 그런데 현실은 정반대가 아닌가? 물론 1850년대 노동자의 착취와 분배의 불평등이 사회적 문제로 지적되어 노동자를 위한 개혁 입법이 마련되었고, 빈부의 격차를 줄이려는 노력이 시행되어 왔다. 이러한 사회개혁을 대표하는 사람이 바로 밀이었다. 그런데 헨리 조지는 빈곤의 원인이 임금이나 착취가 아니라고 말한다. 그러니까 개혁 입법들은 본질을 빗겨나간 것들이다. 그렇다면 본질적인 문제는 무엇인가? 그것은 바로 토지의 가격이다. 그것 때문

---

70   헨리 조지, 『진보와 빈곤』, 296쪽.

에 노동자의 삶이 더 궁핍해져 가는 것이다. 말을 바꾸면, 노동자들이 문명의 혜택을 누리지 못하는 이유는 누군가 중간에서 가로채고 있기 때문이다. 누가? 바로 토지소유자들이다. 노동의 소득이 클수록 토지에 대하여 지불해야 하는 대가가 더 커지는 것이 빈곤의 원인이다.[71]

헨리 조지는 영국에서 농지의 가격이 500년 전에 비하여 120배가 상승했는데, 밀의 가격은 14배가 상승했다는 보고를 인용하고 있다. 이것은 소수의 부자들이 영국노동 전체에 대하여 재산권을 주장하고 있음을 의미한다.[72] 왜 이런 일이 발생하는가? 이유는 간단하다. 노동자들은 자연의 기회에 공짜로 접근할 수 없기 때문이다. 예를 들어 보자. 광산의 매장이 줄어들기 시작하면 노동자는 더 깊은 곳으로 들어가거나, 아니면 땅으로 돌아가야 한다. 그런데 땅은 개인들에게 독점이 허용되어 있다. 이것이 생산성 증가에도 불구하고 노동자들의 임금을 최저수준으로 낮추는 이유이다. 그래서 헨리 조지는 이렇게 결론을 내린다.

"부를 생산하기 위해 노동을 투입하려면 토지가 필요하고, 그 토지를 지배하는 자는 연명에 필요한 몫만 노동자에게 남기고 노동의 과

---

71   헨리 조지,『진보와 빈곤』297쪽.
72   헨리 조지,『진보와 빈곤』304쪽.

실을 모두 지배한다."[73]

　　여기서부터 헨리 조지는 밀이 제안했던 사회개혁의 해결책을 공격한다. 노동자들의 빈곤이 근본적으로 해결되지 않는 이유는 토지의 독점 때문인데, 사회주의자들과 밀은 정확한 해결책을 찾지 못했다는 것이다. 구체적으로 헨지 조지는 기존에 추진되었던 6가지 해결방안을 조목조목 비판한다. 이 6가지 항목들은 대부분 밀이 『정치경제학 원리』에서 제시한 것들이다. 우선 간략하게 6가지 내용을 정리하고 그 비판의 내용이 무언지 살펴보자.

1. 정부비용의 절감

　　국가부채, 정부의 비용, 국방비의 절감 등을 위해 세금을 감면함으로써 노동의 비용을 줄일 수 있다고 생각했지만, 이것은 잘못된 생각이다. 세금이나 정부의 활동을 줄인다면, 그 혜택은 오히려 지주에게 돌아갈 뿐이다.

2. 노동자 계급의 교육강화와 근검절약 습관의 촉진

　　노동자들이 가난한 것은 근검절약하지 않으며, 머리가 좋지 않

73　　헨리 조지, 『진보와 빈곤』, 310쪽.

아 부를 축적할 기회를 얻지 못하기 때문이다. 따라서 교육을 통해서 노동자의 덕성을 변화시키고 부를 축적할 만한 지식을 가르칠 필요가 있다고 말해 왔는데, 이것은 노동자들의 현실을 기만하는 것이다. 노동자들의 가난은 임금수준이 최저생계비를 넘어서지 못하기 때문이다. 그런데 임금은 실질소득이나 생산성에 의해서 결정되는 것이 아니라, 지대를 지불하고 난 다음에 결정된다. 이것이 노동자 빈곤의 핵심적인 이유이다.

3. 임금상승을 위한 노동자들의 단결(노동조합)

밀은 하나의 산업체에서 임금의 상승이 다른 산업 분야에는 임금수준을 낮추게 될 것이라고 예상했지만, 헨리 조지는 여기에 동의하지 않는다. 즉 다른 산업에 영향을 주지 않고 한 산업 분야의 임금이 상승할 수 있다는 것이다. 다만 노동조합이 효율적으로 움직이지 못해서 임금상승이 생활수준을 높이지 못할 뿐이다. 왜냐하면 특정 직업의 임금이 다른 직업에 비해서 상승한다고 할 때 그 임금을 원래의 수준으로 낮추려는 경향이 발생하기 때문이다. 예를 들어 인쇄공과 식자공의 관계를 보자. 전자가 후자에 비해 10% 인상을 성공시켰다고 하자. 이렇게 되면 식자공의 일은 줄어들 것이고, 인쇄공은 증가할 것이다. 이러한 수요와 공급의 움직임을 노조가 막을 수는 없다. 따라서 임금수준은 결국 평균수준으로 돌아오기 마련이다. 그리고 이러한 가운데 토지소유자는 자본가와는 달리 얼마든지 기다리면서 지대이윤을 챙기려고 할 것이다.

4. 노동과 자본의 협동

밀은 장기적으로 자본가와 노동자의 협동 관계를 강조했고, 구체적으로 이윤공유제도를 강력히 제안했다. 그런데 헨리 조지가 보기에 자본과 노동 사이에 발생하는 갈등의 본질은 다른 곳에 있다. 조금 어려운 설명인데, 침착하게 들어 보자. 예컨대 경영을 노동자에게 맡기고 자본가는 순생산 중 일부만 이윤으로 챙겨간다고 해 보자. 이러한 제도는 이제 로마 시대에도 있었다. 다시 말해 자본과 노동의 협동에서 기대할 수 있는 효과는 노동의 근면성이며, 생산성이다. 노동의 투입이 줄고 생산물이 더 많아진다고 해도 부의 원천은 토지이기 때문에, 높아진 생산성은 결국 지대의 상승을 만들어 낼 뿐이다. 협동도 지대를 결정하는 요인에서 자유롭지 못하다.

5. 정부의 지시와 간섭

정부가 공적부조나 사회보험을 마련함으로써 노동자의 빈곤을 해결할 수 있다고 생각했다. 이러한 시도가 사회주의 사상이나 밀이 주장했던 진보적 자유주의 기본 방향이다. 그런데 이러한 정책에 대해서 헨리 조지의 대답은 부정적이다. 소득세를 예로 들어 보자. 이것은 자유주의의 폐단과 사회주의 한계를 동시에 뛰어넘는 방법으로 밀이 강력하게 주장했던 정책이었다. 그런데 헨리 조지가 보기에 소득세가 효과를 보기에 위해서는 조사권을 가진 세무사를 투입하고, 뇌물, 위증 등과 같은 세금의 회피수단을 막는 작업이 선행되어야 한다. 그런데 이런 행정조치를 효율적으로 시행하는 것이 쉽지 않다.[74] 그리고 성공한다고 해도 결국은 부에 대한 의욕을 하락시켜 산업생산이 줄어들 가능성이 있다. 정부가 나서서 노동자에게 적당한 일자리를 찾아 주고, 실업자에게 수당을 지급하는 방법은 어쩌면 원시공동체에서나 가능한 것이다. 그런 의미에서 사회주의 사상은 매우 순진한 발상이다.

6. 좀 더 광범위한 토지의 분배

토지 보유에 일정한 한계를 두거나, 토지 상속에도 제한을 두는 방법이 실시된 바 있다. 또 토지거래를 자유롭게 하여 더 많은 사람들이 토지를 가질 수 있도록 하는 정책도 추진된 바 있다. 그러나 이러한 정책들이 실효를 거두지 못하고 소수의 사람들이 더 많은 토지를 소유하는 현상은 심화되고 있다. 결국 토지를 세분화한다고 토지의 집중을 막을 수 없음이 증명된 셈이다. 그리고 토지를 세분화하는 것은 생산성을 저하시킬 가능성이 있다. 결론적으로 토지소유 제한은 지대를 낮추지도 않고, 임금을 높이지도 못한다.

---

74   오늘날 한국에서도 고소득자들의 탈세 문제가 심각한 사회문제가 되고 있는 것을 보면, 100년 전에 소득세를 통한 빈곤의 완화라는 목표가 쉽게 이루어질 수 없었을 것이다.

위에서 지적한 6가지 이유로 사회주의 정책이나 진보적 자유주의 대책은 실패한 것이라고 헨리 조지는 평가한다. 그렇다면 그의 대안은 무엇인가? 어떻게 하면 빈곤의 악화를 막을 수 있나? 근본대책은 토지 공유제이다. 토지를 개인이 사적으로 소유하는 것을 금지해야 한다. 이것은 사회주의자들이 주장했던 공동생산의 방식도 아니며, 밀이 주장했던 것처럼, 세금을 통해 정부가 개입하는 것도 아니다. 적어도 토지만은 공유로 해야 한다는 것이다. 그리고 구체적인 실현방법으로 토지단일세를 주장한다.[75]

"빈곤을 퇴치하고 임금을 정당한 기준에 부합하는 것으로 만들고, 노동자가 자신의 소득을 온전히 가져가게 하려면 토지 사유제를 철폐하고 그 자리에 토지 공유제를 확립해야 한다. 사회악(빈곤)의 원인을 제거하려면 이 방법밖에 없으며, 그 외에 다른 방법은 희망이

---

75 한국사회에서 아파트를 통한 부동산 투기가 집값 상승에 어떤 영향을 주었는지 잘 생각해 보면, 헨리 조지의 지적이 오늘날 한국사회에도 큰 함의를 가진다. 만일 한국사회에서 토지 공유제가 실시되면 어떻게 될까? 부동산 가격을 전기와 물과 같이 계산한다면, 분명 서민들의 삶은 크게 달라질 것이다. 사실 토지 공유제에 대한 논의는 제헌헌법 시절부터 있었고, 노태우 정부에서 본격적으로 정책에 도입하려고 했으나, 아직까지 실효적 정책은 실현되지 못하고 있다.

없다 ."[76]

그런데 헨리 조지의 토지공유제를 페비안 사회주의자가 수용하여 렌트(rent) 이론으로 발전시킨다. 이것이 마르크시즘과 페비안 사회주의자들의 결정적인 차이라고 할 수 있다. 왜냐하면 전자는 착취의 시각으로 경제적 문제를 분석하고 공동생산방식을 대안으로 제시했다면, 후사는 렌트 이론으로 빈곤의 문제를 해석하고 국유화를 대안으로 제시했기 때문이다.

페비안 사회주의자들 중에서 버나드 쇼는 특히 렌트의 문제점을 적나라하게 공격하고 있다. 우선『페이비언 사회주의』1장 "경제" 편에서 버나드 쇼는 밀이 분석했던 지대론의 약점을 지적하면서, 지대란 비옥도의 차이에서 오는 것이 아니라, 토지 사용 자체에서 오는 특권이며 이것은 불로소득에 불과하다고 비판한다. 그러고 나서 밀의 설명을 구체적으로 반박한다. 즉 지대라는 것이 한 계지의 최종 구매자가 투입한 노력에 의해서 결정된다는 차액 지대설의 전제를 비판한 것이다. 그리고 버나드 쇼는 결론 내리기를, 지대의 본질은 한가한 생활을 즐기고자 하는 토지소유자와 생존을 위협받고 있는 프롤레타리아라는 두 세력이 만들어 내는 가격에

---

76   헨리 조지,『진보와 빈곤』342쪽.

불과하다.[77]

여기서 새롭게 등장한 개념이 바로 '불로소득'이다. 물론 밀도 이 문제를 지적하면서 상속세의 필요성을 주장한 바 있지만, 페비안 사회주의자들이 강조하는 불로소득은 밀과 헨리 조지의 사고를 넘어선다. 그리고 여기에서 렌트의 개념이 중요한 역할을 한다. 그 내용을 차분히 살펴보자. 우선 렌트란 "노동에 근거하지 않는 소득(unearned income)"이다. 이렇게 놓고 보면 지대에는 세 가지 의미가 있다.

첫째는 토지의 렌트이다. 여기에는 토지소유자가 받는 금액, 인구가 늘어남에 따라서 늘어나는 토지의 가치증가분, 비옥도에 따라 증가하는 수익분이다.

둘째는 능력의 렌트이다. 생산의 과정에 렌트 개념을 도입하면 경제적 임금(적정임금) 이상으로 획득된 이윤도 렌트라고 볼 수 있다. 또 금융기관에 투자하여 얻는 이자소득도 렌트이다. 나아가 문학, 예술과 같은 문화적인 능력을 소유하여 이득을 얻는 자들도 렌트 수취자로 볼 수 있다.[78] 능력의 렌트는 빈부격차를 바라보는 시각을 완전히 바꾸어 놓은 획기적인 발상이다. 부의 생산이 경제만이 아니라 육체적이거나 정신적인 것으로부터도 발생할 수 있다는

---

77   버나드 쇼 외, 『페이비언 사회주의』, 102쪽.

78   김명환, "Febian Socialism의 성격," 『서양사 연구』 5, 1983, 90쪽.

점을 알려주기 때문이다.

셋째로 기회의 렌트가 있다. 우연한 기회로 사업에 성공하고 부를 축적할 수 있는 것도 넓은 의미에서 불로소득이며, 이것을 렌트라고 생각한 것이다. 이것은 지금까지 생각하지 못했던 독특한 개념이며, 페비안 사회주의자들의 이론적 공헌이다. 이러한 시각은 기업가뿐만 아니라 숙련노동자에게도 적용되었으며, 기업가도 봉급을 받는 피고용자로 취급하게 된다.

결국 산업생산 과정을 통해 얻어지는 이윤은 능력이나 우연에 의한 렌트이며, 이것은 착취의 문제를 넘어선다. 그럼 렌트는 정당한 것인가, 부당한 것인가? 페비안 사회주의자들은 경제적 임금(=정당한 임금)을 넘어서는 렌트는 부당한 것으로 간주한다. 이때 경제적 임금이란 가장 거친 땅에서, 최소의 자본으로 가장 나쁜 자연조건에서 대부분의 비숙련노동자가 얻는 소득이다.[79] 따라서 경제적 임금을 넘어서는 수입은 공동생산의 몫으로 보아야 하며, 개인이 전용하는 것은 넓은 의미에서 부당한 수입이다.

특히 여기서 문제가 되는 것은 능력의 렌트와 관련된 임금이다. 예를 들어 의사, 변호사, 경영자들의 높은 수입은 정당한가? 기본적으로 개인들의 능력 차이를 인정한다는 의미에서 이들의 수입을

---

[79]   김명환, "Febian Socialism의 성격," 92쪽.

정당한 것으로 볼 수도 있다. 그러나 페비안 사회주의자들은 개인들의 능력도 결국은 교육이나 특별한 기술력에 의해서 만들어지는 것인 만큼 능력의 렌트도 개인의 사적 소유물이 아니다. 즉 의사, 변호사, 경영자들의 능력은 인정하나, 그들이 소유한 능력은 사회가 생산한 것이기 때문에 사회로 환원되어야 한다.[80]

위와 같은 논리에 의해서 페비안 사회주의 강령에 나타난 3번째 목표 즉 교육개혁의 필요성이 설명될 수 있다. 특별한 능력을 가진 개인들이 수입을 독점하는 것을 막는 것은 현실적으로 불가능하다. 따라서 교육의 확산을 통해서 다양한 능력을 가진 개인들을 발전시키는 것이 국가의 임무이다. 이것은 밀의 영향이 그대로 남아있는 부분이다. 즉 개인의 개성을 발전시키는 것이 사회발전의 기본이라는 생각이 밑바탕에 놓여 있다. 그리고 사회적 평등의 기반은 동정이나 자선이 아니라 자질과 능력이라는 입장이다. 이런 맥락에서 페비안 사회주의자들은 교육운동에 노력을 집중시켰고, 그러한 결과로 런던 경제학교(London School of Economics)를 설립한다.

B. 이러한 논리에 근거하여 페비안 협의의 목표로 제시된 5번째와 6번째를 이해할 수 있다. 즉 지방자치의 활성화와 민주정치

---

80   김명환, "Febian Socialism의 성격," 100쪽.

의 개혁이 왜 필요한지 납득할 수 있다는 것이다. 예를 들어 시드니 웹에 따르면 모든 공공적 목적을 위해 공적 노동 조직을 점진적으로 확대하고 사적 자본가와 중간상인을 제거하고, 사회적 자산을 국유화해야 한다. 또한 모든 계기에서 다수 인민의 욕구가 가장 정확히 대표되고 표출되게 할 수 있도록 정치를 개혁해야 한다.

국유화의 논리는 사회적 자산을 국가가 관리해야 한다는 것인데, 여기에는 하천, 철강, 철도 등과 같은 사회기반 시설을 포함한다. 이러한 산업은 개인이 독점적으로 소유할 경우, 그로부터 발생하는 렌트 수익이 막대함으로, 이를 원천적으로 국가가 통제하고 관리해야 한다. 즉 국가가 적극적으로 소득 불평등을 시정하기 위해서 사회적 자산을 집단적으로 공급하고, 모든 국민이 평등하게 사용할 수 있도록 해야 한다.

"동시에 전 국민에게 필요한 것들이면서 특정 지역이 독점하는 자연적 부의 형태들, 예컨대 광산, 항구, 혹은 상수도 수원 같은 것들은 국유화해야 한다. (…) 소유단위의 실질적 규모는 그때그때 편의에 따라 결정되면 되므로, 카운티 정부의 법과 교구와 도시 정부체제가 발달하면서 정부 단위는 쉽사리 소유단위로 전환될 수 있을 것이다."[81]

81   버나드 쇼 외, 『페이비언 사회주의』, 273쪽.

그런데 가만히 생각해 보면, 이러한 국유화의 대상은 중앙에서 통제하기보다는 각 지역에서 관리하는 것이 자연스럽다. 하천이나 수력 발전 등은 각 지역으로 펼쳐진 기간산업이니, 당연히 지방 행정이 담당하는 것이 효율적이다. 또 도로포장, 청소 등과 같은 기초행정들은 지역 주민들의 요구를 조사하는 것이 필수적인 과정이다. 그래서 지역의 시를 자치화하고 예산을 독립하는 것이 중요하다. 이때부터 영국은 지방자치가 정치개혁의 중요한 목표가 된다. 이것을 국가 사회주의와 대비되는 "지방정부 사회주의 (municipal socialism)"[82]라고 부른다.

사실 페비안 사회주의가 엘리트 중심이고, 중앙정부의 통제권을 강조한다는 오해가 있지만, 내용을 면밀히 들여다보면, 오히려 그 반대이다. 예를 들어 페비안 사회주의와 대비되는 이념적 성향을 두고 길드 사회주의라고 표명하고, 후자의 특징이 노동자 중심주의와 지역자치를 강조한 것이라고 서술하는 연구가 있지만[83], 반드시 이분법적으로 분류되는 것은 아니다. 페비안 사회주의 안에도 지방자치의 활성화를 통해 노동자 자치를 실현하려는 개혁

82   버나드 쇼 외, 『페이비언 사회주의』 55쪽.

83   김명환, 『영국의 위기와 좌우파의 대안들』, 혜안, 2008. 특히 1장 "경제적 민주주의를 지향한 두 자유 사회주의: 페이비언 사회주의와 길드 사회주의"를 참조.

의지가 분명히 존재한다.

페비안 사회주의 운동의 정치개혁의 목표는 쉽게 이해가 된다. 노동자들과 빈곤층을 위한 사회개혁이 가능하기 위해서는 정치와 입법과정이 민주화되어야 하기 때문이다. 여기서 민주화란 결국 노동자와 빈민층을 위한 대표가 더 많이 의회로 진입하여 개혁 입법을 추진하는 것이다. 한편 정치개혁의 목표는 중앙 의회를 두 가지로 분리하는 것이다. 즉 정치의회와 시의회로 분리한다. 정치의회는 국방과 외교를 전담하고, 시의회는 지역의 기간산업을 담당하도록 한다. 여기에는 물론 전문적으로 훈련받은 공무원들을 선발하는 것이 중요하다. 또 시의회는 상설위원회로 운영되는 것이 바람직하며 지역에서 필요한 재화를 조달하고 공급하고, 과세하는 전문성을 가져야 한다. 보통 페비안 사회주의 운동이 지식인 중심이고, 엘리트적 성향이 있다고 평가하는 것이 일반적인데, 그 이유는 전문적인 공무원 역할을 강조했기 때문이다. 그러나 페비안 사회주의자들은 자치시의 운영을 이상사회로 간주하고, 주민복지를 최우선의 목표로 했다는 점에서 중앙집권적 관료주의를 넘어서고 있다.

그리고 페비안들은 정치인들이 기능적으로 전문화되어야 한다는 점을 강조한다. 예를 들어 24명 정도로 구성된 내각이 세계정책, 재정, 헌법 등과 같은 비중 있는 문제로부터 농장과 작업장에 이르는 사소한 문제까지 다루는 것은 현실적으로 불가능하다.[84] 따라서 지방의회가 활성화되고 지역의 현안들을 지역 정치들이 스스로 결정할 수 있는 권한을 가져야 한다.

이러한 맥락에서 정치기구의 개혁을 역설했고, 이를 위해 페비안 사회주의자들이 제안한 내용들은 꼼꼼히 살펴볼 만할 가치가 있다.[85]

1. 중앙 의회와 지방의회의 투표권을 모든 성인에게 부여하기 위해 유권자 등록방식을 개혁한다.
2. 등록자격으로서의 거주기간 요건을 폐지한다.
3. 별정직 공무원에 의한 연 2회 등록을 실시한다.
4. 의회를 매년 개원한다.
5. 선거 연설문과 후보자 약력 등 우송비용을 포함한 선거비용을 지급한다.
6. 의회, 카운티 의회, 지방정부 수준의 모든 공적 대표자들에게 세비를 지급한다.
7. 결선투표제를 도입한다.
8. 상원의 폐지 혹은 자연스러운 소멸을 유도한다.

C. 구빈법 행정의 개편은 페비안 사회주의 운동의 핵심적인 내

84　버나드 쇼 외, 『페이비언 사회주의』, 45쪽.
85　버나드 쇼 외, 『페이비언 사회주의』, 166쪽.

용이다. 이것은 영국을 복지국가로 만드는 과정에서 매우 중요한 역할을 했다. 우선 목표는 다음과 같다. 노동능력이 있는 자의 무위도식을 방지하기 위한 조사를 엄격하게 유지하되, 노인과 병자 그리고 한시적 실업으로 생계를 위협을 받는 자에게 충분한 임금을 지급한다. 그리고 여기에 낙인효과가 동반하지 않아야 한다.

이것은 노동자 복지정책의 출발점에 해당한다. 1905년에 실업자 문제를 해결하기 위한 왕립위원회가 설립되고, 여기서 본격적으로 노동자의 빈곤을 정책적으로 고민한다. 영국에는 16세기부터 종교적인 기관이 중심이 되어 운영되었던 구빈법이 존재해 왔다. 그러나 이것은 가난한 사람에게 음식과 잠자리를 제공하는 수준에 머물고 있었으며, 노동의 자립을 목표로 하지 않았다. 그래서 1834년부터 기존의 구빈체제에 대한 반성이 시작되었고, 이것을 어떤 방향으로 개선할지를 두고 국가 차원의 논의가 시작된다. 이러한 맥락에서 1905년 왕립위원회가 설립된다.

그리고 새로운 시각으로 빈곤의 문제를 바라보기 시작한다. 새로운 산업자본주의 시대에 빈곤이란 단순히 게으른 자의 경제적 실패가 아니라, 구조적인 모순으로부터 발생하는 것이며, 국가가 적극적으로 개입하여 노동자와 빈곤층을 구제해야 한다는 사상이 확립되기 시작한 것이다. 여기에 페비안 사회주의자들이 적극적으로 가담했으며, 그중에서 베아트리스 웹이 많은 공헌을 하였다. 이로 인해 빈곤은 개인의 도덕적 책임이라고 하는 자유주의적 관점에서, 사회적으로 불가피한 조건이라고 생각하는 복지국가적 관점으로 이행하게 된다.

웹 부부에 의하면 구빈법이 유지되어왔던 3가지 논리가 있었는데, 그 3가지 논리는 다음과 같다.

첫째는 조세에 의한 빈곤 구제가 노동의욕을 떨어트린다는 사상, 둘째는 맬서스의 인구법칙에 근거하여 구빈 활동이 빈곤의 해결에 근본적인 대책이 될 수 없다는 사상, 셋째는 지방정부가 제안한 정책을 실시하고, 중앙정부는 이것을 통제하는 수준에 머물러야 한다는 사상이다.[86] 그런데 웹 부부는 이러한 3가지 원칙이 바뀌어야만 한다고 생각했다.

그래서 위의 세 가지 사상에 대응하는 세 가지 원칙을 제시한다.[87] 첫째가 전국적 균일처우의 원칙이다. 이것은 빈민에 대한 처우를 통일하고, 빈민이 교구를 돌아다니는 폐단을 없애기 위한 조치이다. 둘째가 열등처우의 원칙이다. 이것은 노동자의 일할 의욕을 고취하기 위해서 마련된 조치이다. 이 원칙에 의하여 부조의 액수가 최하급 노동자의 월급보다 많아서는 안 된다. 셋째는 워어크 하우스 수용의 원칙이다. 국가부조금을 받는 노동자나 가족들은 워어크 하우스에 한정된다는 것이다. 즉 일정한 수용시설 안에서 국가부조가 이루어져야 한다.

86   박광준, 『페비안 사회주의와 복지국가의 형성』, 138쪽.
87   박광준, 『페비안 사회주의와 복지국가의 형성』, 139쪽.

이러한 원칙에 따라 웹 부부는 영국의 빈민상태에 대한 과학적·통계적 분석을 시도하여 정확한 자료를 작성하게 된다. 빈곤에 대한 통계적 조사방법론이 처음으로 사용된 시기가 바로 이때부터이며, 이것이야말로 페비안 사회주의자들의 공헌이다. 왜냐하면 이때부터 빈곤은 종교적 자선의 의미를 벗어나서 산업사회의 모순을 치유하는 정부정책으로 자리를 잡았기 때문이다. 특히 〈항만노동자의 생활〉, 〈봉재노동자의 생활〉 등에 대한 소사를 따로 실시하면서, 직업별 빈곤실태를 세분화했다. 또 질적인 방법도 동원하여 개인 면접을 실시하면서, 빈곤 대책을 개인별로 차별화했다. 그리하여 실업자를 세 가지로 분류했다. 즉 첫째는 경기 순환에 의한 일시적 실업자, 둘째는 계절적 실업자, 셋째는 영구실업자로, 이렇게 실업의 원인이 세분화되면서 정부정책도 더 다양화되었다.

웹 부부의 조사방법론과 실업대책들은 위원회에 제출되었지만, 소수파 의견으로 취급되어 받아들여지지 않았다. 웹의 기본사상은 빈곤의 원인이 노동의 불안정이니, 고용안정이 우선적인 실업대책이 되어야 한다고 강조했다. 그리고 노동 가능한 자와 불가능한 자를 구분하여 구빈대책이 마련되어야 한다고 보았다. 그러나 당시에는 베버리지가 제안한 보험제도와 직업소개소 체제가 수용되었다.[88] 그럼에도 불구하고 웹의 대안은 영국 노동당 정권이 들어선 후 노동정책의 근간이 되어, 영국에서 복지국가를 완성하는 데 중요한 기틀이 된다.

필자가 보기에 이것이 자유주의와 사회주의의 양자를 넘어서 중도정치가 시작된 첫 번째 계기라고 평가한다.

88   박광준, 『페비안 사회주의와 복지국가의 형성』, 225쪽.

4장 │ 기든스의 제3의 길: 2차적 중도정치

1930년대로부터 1979년까지 영국은 대체로 노동당이 주도하는 복지정책과 케인즈주의에 입각한 유효수요관리 정책을 바탕으로 경제적 성장과 안정을 동시에 달성해 왔다. 그러나 1970년대부터 인플레이션이 심화되고, 재정적자가 악화되기 시작한다. 이러한 경제적 문제가 발생한 것은 복지국가의 방만한 예산운영 때문이었다. 그러나 거시적으로 보면 현대 자본주의 모순과 깊게 관련되어 있다. 대표적인 예가 1971년 미국이 달러화 불태환 조치를 선언함으로써, 고정환율제도를 근거로 하는 국제통화제도가 무너지게 된 것이 중요한 사건이다. 이른바 브레턴우즈 체제(35달러에 금 1온스의 교환)의 합의가 현실경제에서 더 이상 작동할 수 없음을 선언한 것이고, 이때부터 국제무역은 환율에 따라 요동치는 상황을 맞이하게 된다. 그리고 이와 같은 환율의 차이를 노려 수익을 보겠다는 투기적 자본이 전 세계를 경제적 혼란에 빠지게 했다. 국경을 넘나드는 투기자본은 경제의 체질을 변화시켰다. 즉 좋은 물건을 만들고 수출을 통해서 이익을 창출하는 방식보다는, 주식이나 선물 등에 투기함으로써 단기간에 환 차액을 노리는 투기 자본주의가 본격화되기 시작한 것이다. 물론 이러한 현상은 영국에만 국한된 것은 아니다. 그렇지만 자본의 국제화와 복지국가의 재정악화에 대처하는 방식은 국가마다 조금씩 차이가 있었다.

영국에서는 보수당의 대처가 집권하면서 1979년부터 이른바

신자유주의 정책을 강조한다. 그 내용을 간략하게 요약하면 다음과 같다.[89]

1. 재정금융 긴축정책: 인플레이션의 원인은 정부의 지출 때문이라고 판단하고, 통화량을 줄이는 정책을 편다. 이를 통해 대외경쟁력을 확보하고, 실업을 해소할 수 있다고 생각했다.

2. 공급을 중시하는 정책: 노동자에게 복지혜택을 직접 공여하기보다는 일할 의욕을 고취하고, 기업가에게는 투자의욕을 고취시키는 정책을 폈다. 이를 위해 부유층과 기업의 세금을 경감하는 정책을 추진했다.

3. 규제를 완화하는 정책: 국제투자를 유치하기 위해서 자본이동에 방해가 되는 규제를 철폐했다. 무역, 외환, 자본의 흐름을 개방함으로써 생산성을 높이는 정책을 추진했다.

4. 국영기업의 민영화: 노동당이 추진했던 국유화를 반대하고 수익성이 낮은 국영기업을 민간에 매각함으로써 정부 적자를 줄이고, 기업을 통해서 생산성을 높이는 정책을 편다. 이를 통해서 공익사업(수도, 전기)은 물론 정부주식 보유분도 매각했다.

89   김수행 외, 『제3의 길과 신자유주의』, 서울대학교 출판부, 2003, 25-44쪽.

5. 사회보장제도의 축소: 복지제도를 축소하여 재정적자를 완화하는 정책을 폈다. 소득보장제도, 국민건강 서비스, 실업보험 등을 간소화하고, 조건들을 엄격하게 규제했다. 이와 함께 노동조합의 권한과 정부 교섭력을 축소하여, 강성노조로 인한 파업을 엄격하게 통제했다

6. 유럽연합의 반대: 유럽경제를 통합하기 위한 이민정책에 반대하고, 독일 주도의 환율정책에 제동을 걸면서, 영국경제의 독자 생존을 모색하기 시작했다.

이러한 정책들을 기반으로 1979년부터 세 차례에 걸쳐 보수당이 집권하는 데 성공하자, 노동당 내부에서도 반성이 일기 시작했다. 반성의 시작은 노동자 계급이 아니라 국민 전체를 대상으로 하는 당으로 노동당이 변화해야 한다는 절박감이었다. 이를 두고 새로운 노동당의 탄생이라고 부르기도 했다. 국민정치파(mass politics)[90]가 주도한 신노동당의 탄생은 계급정치를 넘어서려고 했다. 즉 노동자세력을 시민사회의 이익단체의 하나로 간주하면서 노동자 운동의 의미를 축소한 것이다. 그리고 이 세력은 국유화나 부자 감세에 대해서도 유연한 입장을 보였다.

---

90   김수행 외, 『제3의 길과 신자유주의』 50쪽.

바로 이러한 시대적 배경에서 토니 블레어의 제3의 노선이 등장한다. 1994년 노동당 당수가 된 블레어는 과거의 사민주의 노선을 구-노동당의 정책이라고 규정하고, 신노동당의 강령은 새로운 형태의 빈곤에 대처해야 한다고 강조한다. 신노동당이 생각하는 평등이란 시민적 책임과 기회의 평등을 의미하는 것이며, 이를 위해서 국가는 생산을 촉진하고, 노동의욕을 고취하는 정책을 펼쳐야 한다고 강조한다. 소위 수동적 복지에서 '적극적 복지'로 변화할 것을 천명한 것이다. 이러한 정책의 변화를 뒷받침한 사람이 바로 앤서니 기든스이다. 그의 저서 『제3의 길』은 블레어의 사상적 기반이 되었으며, 신노동당이 주장했던 개혁의 기초를 놓는다. 이러한 맥락에서 기든스는 제2의 중도정치를 내세운 이론가라고 평가할 만하다. 아래에서 『제3의 길』[91]을 중심으로 기든스의 사상을 정리해 보자.

기든스는 노동당이 변화되어야 하는 이유를 5가지로 정리하고 있다.[92]

1. 범세계화: 이것은 주로 금융시장의 수준에서 완전히 세계화된 경제가 존재한다는 것이다. 이러한 맥락에서 세계화는 경

---

91   기든스, 한상진·박찬욱 역, 『제3의 길』, 생각의 나무, 1998.
92   기든스, 『제3의 길』 2장.

102

제적인 내용을 담고 있다. 그러나 우리 생활의 시간과 공간이 변형된 것도 세계화에서 기인한다. 예를 들어 초고속 전자통신으로 말미암아 일상생활이 변화하고, 국가의 권력으로부터 국민들이 이탈해 가고 있다.

2. 개인주의가 변화하고 있다. 일상생활을 지배하고 있던 관습과 전통이 변화하고, 개인과 국가의 관계가 달라지고 있다. 일종의 도덕적 과도기를 가리킨다. 과거 구노동당이 집권했던 시절 사회통합을 이루어왔던 기초가 노동자의 연대였다면, 그것은 개인의 정체성이 계급적이고 집단적 형태로 표현되었음을 의미한다. 그런데 1990년대 이후 개인들의 정체성은 계급을 넘어서고 있으며, 민족주의적 성향을 벗어나고 있다. 이러한 변화를 신노동당이 정책에 반영하여야 한다.

3. 좌파와 우파의 차이점이 달라지고 있다. 특히 평등이라는 관점을 두고 좌우의 이념지형이 변화했다. 예를 들어 구-노동당은 경제적-결과적 평등을 주장했다. 그런데 우파는 평등이 상대적이며, 어느 정도라는 수준을 정해야 한다고 주장한다. 예를 들어 이민자들에게 인정해야 하는 평등은 무엇인가? 좌파는 영국민과 이민자가 동일하게 평등권을 갖는다고 말한다. 그러나 우파는 영국민과 이민자의 평등은 상대적이고 기준이 달라야 한다고 주장한다. 여기에 기준을 제시해야 하는 것이 신노동당의 과제이다.

4. 새로운 정치체가 등장하고 있다. 구-노동당의 정책을 수행한

정치체는 분명 국가이며, 지방자치단체였다. 그런데 오늘날 새로운 운동단체들, 비정부기구들이 세계적인 단위에서 정치력을 행사하고 있다. 시민단체가 주장하는 정치적 쟁점은 다양하다. 환경보호부터 여성의 인권에 이르기까지 목표가 다양하고, 실천방식도 다르다. 이러한 현상을 두고 하위정치가 탄생했다고 표현한다. 그렇다며 과연 과거의 정부나 의회정치는 전혀 영향력을 발휘 못 하고 있나? 반드시 그렇지는 않다. 그러나 구-노동당이 사회개혁의 주체로 내세운 정부나 지역단체뿐만 아니라 세계적 네트워크로 연결된 시민단체가 중요한 정치체로 등장했음을 인정해야 한다.

5. 생태적 쟁점들이 정치적으로 중요하게 되었다. 과거 구-노동당이 집권하던 시절에는 자본가와 노동자의 계급대립이 사회적 쟁점이었고, 여기서 노동자들의 권익을 보호하는 사회보장 제도를 정비하는 것이 입법의 목표였다. 그런데 1960년대 이후 "지속 가능한 경제성장"이라는 개념이 등장하면서 노-자간의 대립을 넘어서 자본주의 생산제도에 의문을 제기하게 되었다. 이로부터 환경보호라는 새로운 목표가 생겨났다. 그런데 환경보호는 기본적으로 경제성장과는 어울리지 않는 쟁점이다. 또 국내문제가 아니라 세계적인 차원에서 함께 대처해야 하는 문제이다. 1980년 이후 영국에서 발생한 광우병 문제는 세계적인 차원에서 방어해야 할 생태적-환경적 문제의 전형적인 예이다.

이러한 배경에서 제3의 길이 추구하는 정치의 목표가 성립한다. 그것은 위에서 지적한 새로운 시대의 변화에 적응하면서 새로운 정치의 길을 개척하는 것이다. 가장 시급한 것은 물론 구-노동당이 추진했던 복지정책을 변화시키는 것이다. 그러나 여기서 한 걸음 더 나아가야 한다. 즉 전통적 관습이 쇠퇴한 후 개인들은 어떠한 가치관을 가지고 살아가야 하며, 사회통합은 어떤 기반으로 가능하며, 생태-환경 문제에 어떻게 대처해야 하는가에 대답해야 한다.

기든스는 『제3의 길』 3장, 4장, 5장에서 다양한 정책대안을 제시하고 있다. 필자는 그중에서 3장의 "사회투자 국가"라는 개념에 주목하고 싶다. 왜냐하면 구-노동당과 신자유주의 사이에 새로운 균형점을 찾는 것이 기든스가 주장하는 제3의 길이라고 한다면, 주된 목표는 복지와 시장의 양자를 넘어서는 방법을 모색하는 것일 텐데, 그것이 사회투자 국가라는 개념으로 수렴된다고 판단하기 때문이다. 특히 3장 4절은 "적극적 복지사회"라는 제목을 달고 있는데, 여기에 핵심적인 내용이 담겨 있다.

기든스는 복지국가의 변화를 다음과 같이 설명한다. 즉 베버리지가 「사회보험과 혜택에 관한 보고서」를 제출했을 때, 그는 궁핍, 질병, 무지, 불결 그리고 나태를 극복하려 했다. 그런데 오늘날 영국에서 시급한 것은 적극적 복지이다. 이것은 복지를 통해 생산성이 향상되어야 한다는 뜻이다.[93] 기든스에 따르면 지금까지의 복지제도는 관료적이며, 비효율적이었다. 또 국민보험금이 많아질수록 실업뿐만 아니라 도덕적 해이가 높아지는 딜레마가 발생했

다. 따라서 이런 문제를 해결하는 방식으로 복지정책을 수정해야
한다. 그래서 그는 복지국가에서 사회투자 국가[94]로 정책의 내용
이 바뀌어야 한다고 주장한다.

사회투자 국가는 복지를 통해서 직업을 창출할 수 있는 가능성
을 모색한다. 지금까지의 복지정책이 수동적이며 방어적이었다
면, 향후 복지정책은 생산성을 증가시키는 방향으로 변화해야 한
다. 특히 인적 자원에 투자하는 것이 중요하다. 예를 들어 실업급
여를 지급하는 대신 실업자에게 일자리를 찾을 수 있는 교육을 무
료로 제공해야 한다.

> "정책은 무조건적 국민보험 급부에 의존하는 대신에 저축, 교육자
> 원과 다른 개인적인 투자 기회를 이용하도록 장려하는 방향으로 나
> 아가야 한다."[95]

이와 더불어 연금개혁이 필요하다. 퇴직연금의 지불 시기를 늦
추고, 완전고용의 목표를 일정 부분 포기할 필요도 있다. 연금 생
활자라는 단어 자체가 과거에 만들어진 왜곡된 표현이다. 왜냐하

93   기든스, 『제3의 길』, 177쪽.

94   기든스, 『제3의 길』, 178쪽.

95   기든스, 『제3의 길』, 186쪽.

면 이 말은 일할 능력이 없는 사람을 국가가 전적으로 먹여 살린다는 의미를 내포하고 있기 때문이다. 그러므로 노령인구를 다시 일할 수 있게 만드는 방법을 모색해야 한다. 또 노동시장의 경직성이 실업의 문제를 더욱 악화시켰다는 점도 인정해야 한다. 이제 노동의 유연성을 받아들이고, 임금 삭감도 수용해야 한다. 그래야만 경제성장이 이루어지고, 그로부터 일자리가 생겨날 수 있다. 여기서 기든스는 네덜란드 모델을 언급하며 제3의 길이 추구하는 목표를 명확하게 밝히고 있다

> "이 모델은 때때로 사회민주주의를 새로운 사회경제적 환경에 성공
> 적으로 적응시켰다고 평가된다. 16년 전 바세나르에서 체결된 협약
> 에서 네덜란드 노동조합들은 작업 시간의 점진적인 축소와 교환하
> 여 임금의 경감에 합의하였다. 그 결과 노동 임금은 과거 10년 동안
> 30퍼센트 이상 감소한 반면에 경제는 번영하였다."[96]

결국 사회투자 국가란 교육을 통해 인적 자원의 경쟁력을 높이고, 사회 인프라를 확충하여 생산성을 높이는 국가를 말한다. 이를 통해서 경제발전과 복지의 평등을 동시에 실현하려는 전략이다.

---

96   기든스, 『제3의 길』, 184쪽.

이런 맥락에서 이것은 "지속 가능한 발전"이라는 개념과 깊게 맞물려 있다. 즉 복지의 확대로 인해 경제적 불황이 찾아오는 것을 막고, 지속적인 경제성장을 추진할 수 있는 방안을 모색하는 것이다. 또 개인의 자립능력을 키우는 것이 소외된 약자를 배려하는 새로운 방법이다. 그런 의미에서 국가 주도의 정책에서 벗어나, 시장과 국가가 함께 조화를 이루는 길을 찾으려는 시도이다.

그러나 이러한 기든스의 제3의 길이 현실정치에서 얼마나 효과를 거두었는지는 분명하지 않다. 블레어 정부가 실시한 정책들은 과거 보수당 정권의 소득세 억제정책을 그대로 이어받았고, 국유화 규모는 급감했으며, 시장원칙이 대세가 되었기 때문이다. 노조의 활동도 제약을 받아 경제적 평등을 실현하는 것을 포기했다는 평가도 있다. 시장의 효율성이 지나치게 강조되어 제3의 길이 말하는 사회투자라는 개념은 결국 이익의 창출을 의미하는 것으로 해석되기도 했다. 이러한 맥락에서 제3의 길에서 페비안 사회주의적 전통은 거의 사라진 것처럼 보인다.

2007년 블레어의 10년 집권은 끝이 났고, 2010년 노동당은 보수당과 자민당의 연합 세력에게 정권을 내주었다. 그로부터 10여 년의 세월이 흐른 지금, 좌파와 우파 사이에서 영국의 정치가 제3의 균형점을 찾았는지는 여전히 의문스럽다.

2부
독일

POLITICAL
PHILOSOPHY

1장 | 시대적 배경

독일에서 중도정치가 발생한 배경은 영국이나 프랑스와는 사정이 매우 다르다. 우선 영국에서는 시민혁명을 통해서 군주제가 무너지고 자유주의 정치체제가 일찍부터 자리를 잡았고, 사회주의라는 이념은 자유주의의 약점을 공격하는 형태로 등장했다. 또 다음 장에서 살펴보겠지만, 프랑스의 경우에도 자유주의 체제에서 보장하는 정치적 자유와 함께 경제적 자유를 추구하는 과정에서 사회주의가 등장했다. 따라서 영국과 프랑스에서 중도정치란 자유주의와 사회주의 양극단을 조화하는 과정에서 발생한 사상과 정책이었다. 그런데 독일에서는 군주제가 20세기 초반까지 유지되었다. 물론 1830년 지식인들이 주도하는 자유주의 운동이 있기는 했지만, 이것이 정치체제로 안착되지 못한 상태였다. 따라서 자유주의와 사회주의의 대립이라는 것이 아예 존재하지도 않은 셈이다.

더구나 독일에서는 노동자들의 계급의식도 분명하지 않았다. 대체로 1848년 이전 시기에는 주로 민중이나 보통사람들이라는 용어가 사용되었지, 노동자라는 단어는 나타나지 않았다.[97] 독일에서 산업발전이 진행되어 자본가와 노동자들의 대립 구도가 형성

---

97 헬가 그레빙, 이진일 역, 『독일 노동운동사』, 도서출판 길, 2020, 5쪽.

된 것은 1880년대 이후였다. 그런데 하나 재미있는 현상은, 산업화가 진전되어 노동자들이 계급의식을 가지게 될 즈음, 독일의 경제 상황은 오히려 호전되었다는 점이다. 또 기업의 운영방식에도 변화가 생겨 노-자 간의 타협이 적극적으로 모색되기 시작했다. 그래서 계급투쟁을 강조하는 마르크스식의 노동자 운동이 독일에서는 깊게 뿌리 내리지 못했다. 더구나 이 시기에는 자유주의가 전개한 노동운동도 있었다. 교회가 중심이 되어 교육운동을 추진하거나, 조합주의 경제를 강조하면서 노동자의 단결을 강조하는 흐름이 대표적인 사례이다. 이들은 노동자보다는 교양을 갖춘 시민계급이 중심이 되어 노동운동을 이끌어야 한다고 생각했다. 그리고 노동자 스스로가 근면과 저축을 통해서 열악한 상황을 탈출해야 한다고 주장했다. 이러한 시대적 상황에서 노동자들이 자신의 계급 정체성을 자각하고, 본격적인 노동운동으로 진입하는 것은 분명 쉬운 일은 아니었다.

그럼에도 불구하고 1860년대가 되면 노동자들의 단결을 촉구하는 노동자 연합체가 생겨났고, 이것이 노동당으로 발전하게 된다. 특이한 것은 자유주의 정치체제가 가장 뒤늦게 성립한 독일에서 노동당은 영국과 프랑스에 비해 더 일찍 발생했다는 점이다. 더구나 독일의 중도정치는 노동당 내에서 이념투쟁을 벌이는 과정에서 '수정주의'라는 형식으로 태동했다. 이때 '수정'이라는 단어는 독일의 현실에 맞는 노동운동을 추진하기 위해서 마르크시즘의 노동혁명방식을 수정한다는 것을 의미한다. 이것은 분명 독일정치의 아이러니이며, 특수성이라고 할 수 있다. 이처럼 독일의 특수상황을 이해하기 위해는 라살레라는 인물에 주목해야 한다. 그는 이론가가 아니고, 현장에서 돈을 벌기 위해 일을 했던 노동자였다. 따라서 그의 정치감각은 마르크시즘의 이론가들과는 상당한 차이가 있었다. 예를 들어 라살레가 보기에 당시 독일 노동자들에게는 혁명의식이 없었으며, 따라서 노동투쟁보다는 의회정치에 진입하여 정치적 민주화를 이루어 내는 것이 노동운동의 목표가 되어야 한다고 생각한 것이다.

이러한 상황에서 라살레는 1863년 '전 독일 노동자연맹'이라는 노동자 단체를 출범시킨다. 그리고 몇 년 후 전통적인 마르크시즘의 이론가였던 베벨이 '사민주의 노동자당'을 창당한다. 그렇지만 독일에서 노동운동은 후자보다는 전자의 영향력이 컸다. 그러다가 1875년에 두 단체가 통합하여 '사회민주주의 노동당'이 창당된다. 이것이 독일 노동운동의 가장 큰 문젯거리가 된다. 왜냐하면 라살레주의와 전통 마르크시즘 사이에 이론적 타협 없이, 이질적인 이념을 가진 사람들이 갑작스럽게 하나의 당으로 통합되면서, 실천적인 정책을 두고 당내의 의견대립이 심각해졌기 때문이다.

당내의 이론대립을 유발시킨 첫 번째 사건은 1893년에 나타난 농업논쟁이었다. 사회주의 노동당은 권력 획득을 위해서 농촌의 지방선거에 나서게 되는데, 그때 비로소 사민당이 농민을 위해 내놓은 정책이 거의 없다는 사실을 깨닫게 된다. 예컨대 농산물 가격의 하락이나 부채증가에 따른 이농현상, 토지가격의 상승, 과중한 세금 징수 등이 당시에 농촌지역의 핵심 문제였는데, 여기에 대해서 아무런 대책도 없었던 것이다. 그러다가 1894년에 농업강령이 만들어진다. 하지만 그 내용은 사민당의 강령과 모순되는 것이 많았다. 왜냐하면 농업강령에는 자영소농에 대한 지원책이 주된 내용을 이루었는바, 이것은 자산가 계급을 타도한다는 사민당 기본원칙과 정면으로 배치되었기 때문이다.[98]

이론대립의 두 번째 사건은 지방의회 선거에 나가 보수정권과 함께 자유주의 정치에 동참할 것이라는 문제와 관련된다. 전통적인 마르크시즘의 입장에서는 의회정치에 참여한다는 것 자체가 보수정치를 인정하는 것이며, 나아가 노동혁명을 포기하는 것이나 다름없었다. 그러나 당내에서 라살레 계열의 당원들은 정권 획득을 목표로 내세우면서 지방선거에 참여할 것을 주장한다. 이러한 입장의 차이를 수정주의 논쟁이라고 한다. 이 문제를 두고 당내에서 치열한 논쟁이 있었고, 투표 결과 동수가 나왔지만, 당 대표였던 카우츠키가 찬성표를 던짐으로써 의회정치에 참여한다는 노선은 부결된다. 결론은 보수정권의 선거에 참여하지 않는다는 것이었지만, 그 과정에서 당내의 이념적 분열은 더욱 심각해졌고, 사민당의 진로에 큰 문제를 발생시켰다. 오히려 수정주의 논쟁 이후 당의

---

98   강신준, "베른슈타인 수정주의에 대한 새로운 이해,"『경제학 연구』43집 2호, 1995 참조.

분위기는 라살레 계열의 세력에게 우호적인 것으로 바뀌어 갔다.

어찌 되었건 수정주의 논쟁을 계기로 당내에서 분열이 깊어진다. 분열의 분파는 3갈래이다. 첫 번째는 라살레를 시작으로 베른슈타인으로 이어지는 수정주의파이며, 두 번째는 카우츠키로 대변되는 절충파로서 의회주의와 혁명노선의 중간을 찾아야 한다고 주장한다. 세 번째는 로자 룩셈부르크로서 전통적인 마르크시즘에 입각하여 노동혁명만이 사민당이 추구해야 할 목표라고 생각한다. 이 세 가지 흐름은 19세기 말과 20세기 초에 독일과 동유럽 좌파의 기본적인 구도를 형성하게 된다. 즉 라살레와 베른슈타인의 노선은 의회주의적 복지국가를 실현하는 방향으로 나아갔고, 카우츠키의 노선은 비판적 사회주의 흐름으로서 이른바 야권 사회주의로 발전했으며, 로자 룩셈부르크의 노선은 소련 사회주의로 실현된다. 이러한 분파를 그림으로 나타내면 아래와 같다.

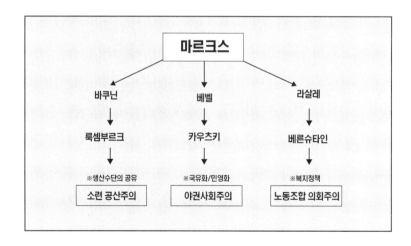

필자가 보기에 독일의 중도정치는 바로 라살레와 베른슈타인으로 이어지는 의회주의 개혁정치라고 할 수 있다. 그리고 이들의 이념이 실현되는 계기는 제1차 세계대전 이후 성립한 바이마르 공화국이다. 비록 짧은 시기에 존속했던 바이마르 체제는 노동자를 위한 복지정책을 입법화하고, 정책으로 실천했다는 의미에서, 자유주의와 사회주의의 양자를 통합하여 새로운 타협정치를 성취한 1차적 중도정치라고 하겠다. 아래에서는 라살레와 베른슈타인을 거쳐 바이마르 헌법이 제정되는 과정을 살펴보겠다.

2장 | 라살레

라살레는 1825년 독일의 작은 마을 브레슬라우에서 유대인의 아들로 태어났다. 라살레는 헤겔주의자였으며, 그래서 청년헤겔파에 가입하기도 한다. 1850년 즈음부터 왕성한 저술 활동을 했고, 철학과 문학을 넘나드는 광범위한 분야에서 책을 출판했다. 그가 출판한 저작들과 강연집들을 잠시 살펴보자

1. 철학저작: 『에페소스의 암흑, 헤라클레이토스의 철학, 1858년』, 『헤겔과 로젠크란트 논리학과 헤겔 체계에서의 헤겔 역사철학의 기초, 1861년』이 있는데, 이것은 그가 헤겔 철학 전문가였으며, 그의 행동의 기초가 헤겔에 있었음을 잘 보여준다.
2. 정치저작: 『피헤테의 정치적 유언과 현대, 1859년』, 『헌법의 본질, 1863년』 등이 있으며, 여기서 그는 현실적인 권력을 통해서 헌법의 문제와 민족통일을 실현할 수 있다는 사실을 웅변했다.
3. 문학저작: 『문예사가 율리안 슈미트 씨, 1862년』, 『프란츠 폰 지킹겐, 1859』 등이 있으며 이를 통해서 노동자들의 단결을 촉구하고 있다.
4. 연설문: 「기득권의 체계, 1862년」과 「노동자 강령, 1862년」, 「공개답장, 1863」이 있다. 첫 번째 연설에서는 소유권의 역

사에 대해서 설명하면서, 부르주아 소유권을 공격했고, 나아가 국유화 이론을 전개했다. 두 번째는 노동자의 계급이익을 새롭게 해석한 후 노동자의 권리의식을 고무시키고 있다. 세 번째는 노동당 정책의 기본방침을 설명한 것으로, 여기서 입법기관에 노동자 대표를 보낼 것을 주장했다. 특히 이 연설문은 자유주의적 노동운동에 대한 비판이라는 점에서 주목할 만하다.

라살레는 이러한 지적 활동을 통해서 실정법에 근거해 노동 조건을 개선해야 하며, 여기에는 국가의 도움이 필요하다는 생각을 하게 된다. 다시 말해 헤겔의 영향 아래, 라살레는 노동자의 자유가 국가에 의해서 실현된다고 주장했다. 그리고 자유란 교육과 지식을 통해서 쟁취될 수 있는 것이며, 세계의 역사는 자유를 향한 역사라고 주장한다. 더구나 국가를 초 개인적인 존재라고 파악했기 때문에 국가가 윤리의 시작과 끝이라는 주장을 펼친바 있다.[99]

그리고 라살레에 따르면 노동자들은 국가의 윤리적 목표에 부합하는 유일한 계급이다. 따라서 노동자들이 국가권력을 장악해야만 국가의 본질을 성취할 수 있게 된다. 요약하자면, 노동자는 호혜

---

99   정병기, "라쌀의 국가관과 독일사민당에 대한 라쌀주의의 영향과 의미,"
      『한국정치학회보』 36집 2호, 2002, 287쪽.

주의와 연대라는 윤리적 이념을 성취시키고 사회주의 본질을 달성할 수 있는 유일한 계급이다. 그런데 개인들로 분열된 상태에서는 사회개혁을 실현할 수 없다. 그래서 노동자 결사체가 필요하다. 라살레는 이를 위해서 1863년 전 독일 노동자연맹을 출범시킨다.

한편 그는 경제적 모순을 극복하기 위해 임금의 "경제적 철칙"을 강조한다. 이것은 자본주의 생산양식 아래에서 평균 임금은 생존과 재생산에 필요한 최저생계비 수준으로 항상 수렴하는 경향이 있다는 이론이다.[100] 즉 노동자들은 언제나 생존을 위한 최소임금만 받게 된다는 것이다. 왜냐하면 자본주의 체제에서는 최소한 임금 이상을 허용하지 않기 때문이다. 그 원인과 과정을 설명하면, 예컨대 출산인구의 증가로 노동공급이 증가하면 임금이 하락할 것이며, 이로 인해 노동자들이 빈곤하게 되어 출산이 줄게 되면, 다시 노동 임금은 일시 상승하게 된다. 그러나 결국은 최저생계비를 넘는 임금은 불가능하다.

이러한 현실을 변화시키기 위해서는 경제적 투쟁뿐만 아니라 정치적 투쟁도 필요하다. 즉 입법을 개혁하고 정치적 영향력을 발휘하여 기득권 구조를 바꾸어야 한다. 그래서 라살레는 노동자의 대표가 입법부에 더 많이 진입해야 한다고 주장한다. 그리고 임금

---

100 정병기, "라쌀의 국가관과 독일사민당에 대한 라쌀주의의 영향과 의미," 290쪽.

의 경제적 철칙을 타파하는 유일한 방법은 '노동기여 소득'으로 임금구조를 대치하는 것이다. 즉 노동자들이 생산에 기여한 가치를 평가하여 노동자들에게 임금이 지급되어야 한다는 뜻이다. 이것은 궁극적으로 생산수단과 생산과정이 노동자에게 전유되어야 함을 의미한다. 이를 위해서 노동자 생산조합이 필요하다. 이 기구를 통해서 산업운영에 필요한 노-자 간의 이해관계를 조정할 수 있기 때문이다.

　이러한 시각은 마르크스의 자본주의 분석과 분명히 다르다. 특히 구조적 불평등을 보는 관점이 다르다. 이러한 차이가 가장 잘 나타난 글이 「노동자 강령」이다. 이 글은 1862년 수공업자 협회에서 행산 연설문인데, 여기서 그는 마르크스의 공산당 선언을 넘어서, 노동자 계급을 새로운 4계급으로 명명하고, 노동자 정당조직의 필요성을 역설하고 있다. 또 협동조합을 통해서만이 임금철칙을 무너뜨리고 실질적 임금상승을 확보할 수 있다고 주장한다. 「노동자 강령」의 핵심 내용을 잠시 정리해 보고 난 후, 마르크스의 「공산당 선언」과 비교해 보자.

　우선 라살레는 중세의 토지제도가 어떻게 당대의 지배원리가 되었으며, 당시의 농민혁명이 왜 실패할 수밖에 없었는가를 설명한다. 그가 정리한 바에 따르면, 토지소유의 지배원리는 크게 4가지이다.[101]

1. 토지소유에 주어진 공권력의 조직, 즉 봉건제도이다. 국회, 제후, 귀족들은 다른 귀족이나 기사에게 토지를 교부하고, 그 대가로 그들로부터 병마의 봉사를 받았다.
2. 공법의 조직 또는 제국헌법이 존재했다. 당대의 귀족들이 국회에 참여하고 투표권을 독점했다.
3. 대지주들은 면세의 특권이 있었다. 지배계급이 공공난제를 유지하는 부담을 간접적인 형태로 피억압자인 무산계급에 전가시키는 것은 하나의 특징이었다.
4. 토지 이외의 다른 종류의 노동에 대해서는 사회적으로 경멸하였다. 즉 기업을 경영하거나 상공업으로 돈을 버는 것은 명예를 더럽히는 일로 간주되었다.

한편 라살레는 1524년에 독일에 발생한 농민전쟁에 대한 비판적인 태도를 취한다. 그러한 사건들이 혁명적인 운동으로 보일지 모르지만- 귀족을 타도하려고 했기 때문에-, 실질적으로는 반동적인 운동에 불과하다고 평가한다. 왜냐하면 귀족들과 마찬가지고 농민들도 토지를 소유한 자들에게 대표권을 부여할 것을 요구했기

---

101   라살레, 서석연 역, 『노동자 강령』, 범우사, 2013 ebook. 15-20쪽.

때문이다. 즉 참가권을 요구한 근본원칙이 토지소유라는 당시의 지배원리를 그대로 받아들이고 있는 것이 문제였다. 농민들이 인간이며, 이성적인 존재이기 때문에, 참정권을 얻어야 한다고 주장해야 했지만, 당시에는 그런 생각이 귀족의 토지지배를 인정하는 결과를 초래한다는 생각에 이르지 못했다.

> "이러한 이유로 겉으로는 그토록 결연히 혁명적 태도를 지니고 출현한 농민운동은 내면적으로 반동적이었습니다. 다시 말해 이 운동은 새로운 혁명원리에 입각하지 않고 오히려 낡은 기존의 원리 위에, 당시 몰락하고 있었던 시대의 원리 위에 서 있었던 것입니다. 따라서 농민운동이 쇠퇴한 이유는, 그것이 스스로 혁명적이라고 생각하면서도 사실은 반동적이었기 때문입니다."[102]

그렇다면 왜 라살레는 농민혁명에 대한 예를 거론했을까? 그 이유는 역사속에서 자유의 진보를 입증하기 위한 것이었다. 더구나 대학교수들이나 교양있는 사람들, 교회의 이론가들이 농민운동에 대해서 잘못된 역사관을 가지고 있으며, 그러한 오류가 오늘날 노동운동에도 그대로 나타나고 있다는 점을 밝히기 위해서였다.

---

102   라살레, 『노동자 강령』, 19쪽.

그러면서 라살레는 당대의 현실이 사회적 노동이나 생활 자체에 커다란 변화를 일으키고 있다고 강조한다. 중세의 특징은 수공업을 중심으로 경제가 이루어지고, 생산과 공급이 수요에 의해서 이루어진 것이다. 반면, 근대사회에서는 생산과 공급이 수요를 앞서고 있다. 더구나 경제 규모도 세계시장을 대상으로 이루어진다. 이러한 변화는 중세경제의 토대가 되었던 토지소유 제도를 무의미한 것으로 만들어 버렸다. 그렇다면 이렇게 변화된 사회에서 혁명이란 무엇일까? 라살레는 혁명이란 생산방식의 변화로 인해서 사회노동과 일상생활에서 변화가 일어나는 것이지, 인간이 의도적으로 혁명을 만드는 것은 아니라고 본다. 프랑스 혁명과 같은 상황은 이미 변화된 사회구조를 외부적으로 인정하고, 법적으로 승인하는 것일 뿐이다.

> "혁명을 만든다는 것은 역사법칙을 완전히 알지 못하는 자의 어리석은 생각입니다. 이미 한번 사회의 태내에서 완성된 혁명을 억제하고 또 그 법적 승인을 거부하거나, 그 탄생에 참여하는 사회 또는 개인에게 급진적이라고 비난하는 것은 철없는 짓입니다. 이미 혁명이 사회 속에서 내재해 있다면 언젠가는 발현하여 법령집에 옮겨질 수밖에 없는 것입니다."[103]

---

103   라살레, 『노동자 강령』 33쪽.

이러한 입장은 마르크스의 혁명관과 정면으로 배치된다. 이러한 맥락에서 프랑스 대혁명이나 1848년 2월 혁명에 대한 마르크스의 해석을 거부하고 새로운 사회개혁의 프로그램을 제시한다. 특히 프랑스 대혁명을 통해서 새롭게 법적 지위를 획득한 제3계급에 대하여 기존의 통념과는 다른 해석을 내린다. 예를 들어 프랑스 대혁명을 주도한 부르주아들은 스스로를 민중 전체를 대변하는 계급이라고 생각하고, 인권선언을 선포함으로써, 모든 지배가 사라진 것처럼 선전한 바 있다. 그러다가 부르조아의 시대가 지나고, 1848년 2월 혁명과 6월 봉기를 통해서 노동자들이 새로운 역사의 주체로서 자신의 위상을 높이는 시대가 왔다. 이러한 역사의 흐름을 서술하는 방식을 필자 나름대로 해석한다면, 그는 제3계급의 부르주아나 그것에 대립하는 제 4계급의 프롤레타리아가 동일한 연장선에 있는 개념이라고 생각하는 것 같다. 그리고 시대의 변화에 따라 이제는 노동자들이 역사를 주도하는 계급이 되었다고 주장하는 것으로 보인다.

그는 프랑스 대혁명 당시의 계급을 크게 두 가지로 분류한다. 첫째는 노동자, 시민, 수공업자, 농민들이며, 이들은 간신히 자신의 가족을 부양할 수 있는 계급이다. 둘째는 대자본을 기초로 사업을 하거나, 이자소득을 얻는 계급이다. 이들은 대시민이라고 부를 수 있는데, 그렇다고 이들이 반드시 부르주아라는 뜻은 아니다. 이러한 두 가지 계급을 대립적인 관계로 본 것이 마르크스의 시각이라면, 라살레의 입장은 좀 다르다. 우선 첫 번째 계급이 자신의 열악한 상황을 개선하기 위해서 국가에게 개혁을 요구할 수 있다. 여기에서 라살레의 국가관이 잘 드러난다. 더구나 라살레는 사회주의를 향한 개혁이 일어나더라도, 국가는 소멸되는 것이 아니라 계속 지속하여 노동자들의 요구를 수용하고 개혁을 진행해야 한다고 주장한다. 이 대목에서 헤겔의 영향을 받은 라살레의 사상이 잘 표현되고 있다.

여기서 라살레는 노동자를 4계급으로 분류한다. 이것은, 필사가 추정하건대, 프랑스 대혁명 시대에 제3계급의 부르주아들이 추진했던 개혁을, 이제 독일에서 노동자들이 추진해야 한다는 뜻을 담고 있다. 그리고 노동자들의 자유는 인류 그 자체의 자유이다.[104] 이것은 노동과 자본이 대립하고 있다는 마르크스의 시각을 비판하는 것이다. 그래서 노동개혁은 정치개혁과 밀접하게 연결된다. 적어도 납세의 기준으로 선거권을 제한했던 당대의 제도를 개혁해야 한다. 이것은 마치 토지를 소유한 사람에게만 정치적 대표권을 인정한 중세의 전통과 일맥상통한 것이다. 또 라살레는 간접세를 강하게 비판한다. 왜냐하면 간접세는 부르주아에게 면세하고, 빈곤한 계급에게 국가의 비용을 부담하는 것이기 때문이다. 이러한 사회개혁을 추진할 계급이 바로 제4계급인 노동자들이다.

---

104 틸로 람, 김효전 역, "하시라에도 페르디난트 라살헤: 사회주의, 국가주의 혁명가,"『유럽헌법 연구』32호, 2020, 450쪽.

"제4계급은 사회 가장 밑바닥의 토대를 떠받치고 있는 계급이며, 이제는 문벌과 토지소유, 법률과 사실을 불문하고 하나의 새로운 특권을 형성함으로써 사회의 모든 제도를 일관할 수 있는, 아무런 배타적 조건을 내세우지 않고 또한 내세울 수 없는 계급입니다. 어떠한 방법으로든 스스로 인간사회에 유용한 존재가 되려는 의지를 가지고 있는 한, 우리는 모두 노동자인 것입니다. 따라서 그 가슴속에 전혀 새로운 특권설정의 맹아를 포함하지 않는 이 제4계급은 바로 그런 이유에서 전 인류와 같은 뜻입니다."[105]

"여러분 제4계급의 국가 목적을 이해하는 것은 이것과는 전혀 다른데, (…) 역사는 자연과의 투쟁입니다. 궁핍, 무지, 빈곤, 무기력 그리고 인류가 역사의 시초에 등장했을 때의 우리의 상태였던 모든 종류의 부자유와의 투쟁입니다. 이 무기력의 극복의 진행, 이것이 역사가 가리키는 자유의 발전입니다. (…) 이러한 자유의 발전을, 이 인류의 자유로운 발전을 수행해야 할 직분을 가진 것이 국가입니다."[106]

105   라살레, 『노동자 강령』, 62쪽.
106   라살레, 『노동자 강령』, 76쪽.

위에서 인용한 라살레의 「노동자 강령」을 마르크스의 「공산당 선언」과 비교해 보자.

"오늘날 부르주아지와 대립하고 있는 모든 계급들 가운데 프롤레타리아트만이 진정으로 혁명적인 계급이다. 다른 계급들은 현대산업이 전진함에 따라 몰락하며 결국 사라져 가지만, 프롤레타리아트는 현대산업의 특수하고도 본질적인 산물이다. 중산계급 하층, 소규모 공장주, 상점주, 기능공, 농민 등 이들 모두는 중간계급의 각 부분이라는 자신의 존재를 소멸시키지 않기 위해서 부르주아지에 맞서 싸운다. 그러므로 그들은 혁명적이 아니고 보수적이다. 게다가 그들은 역사의 수레바퀴를 후진시키려 하기 때문에 반동적이기도 하다."[107]

"공산주의자의 당면목적은 다른 모든 프롤레타리아 당들과 마찬가지로, 프롤레타리아트를 하나의 계급으로 형성시키고, 부르주아 지배를 타도하며, 프롤레타리아가 정치권력을 장악하도록 하는 데 있다. 공산주의자의 이론적 명제들은 결코 이러저러한 자칭 보편적 개혁가가 발명 또는 발견한 사상이나 원칙들에 기초하지 않는

---

107   마르크스·엥겔스, 남상일 역, 『공산당 선언』, 백산서당, 1989, 83쪽.

다."[108]

그리고 이어서 1875년 '고타강령'의 내용을 간략히 살펴보자. 이것은 독일 사민당의 기초가 된 선언문이다. 필자가 판단하기에 고타강령은 마르크시즘을 새롭게 해석하고, 중도정치를 지향하는 역사적 변곡점에 해당한다. 사상적으로 보면 마르크스의 혁명관을 비판하고, 의회주의를 통해 노동자의 복지를 개선하자는 이념을 명백히 밝힌 선언문이다. 이것은 노동운동의 정치사에서, 또 중도정치의 정치사에서, 대단히 의미가 깊은 문건이다. 한편 고타강령에 대한 수많은 비판이 있었는데, 그 대표적인 것이 바로 마르크스의 「고타강령비판」이다. '고타강령'과 「고타강령비판」의 차이점을 밝히는 것은 사회민주주의와 마르크시즘의 차이를 이해하는 데 대단히 중요한 작업이다. 아래에서는 마르크스의 「고타강령비판」을 염두에 두면서 고타강령의 중요 부분만을 발췌해 보겠다.

강령 1

노동은 모든 부와 문화의 원천이다. 그리고 일반적으로 유용한 노동은 사회를 통하여서만 가능하기 때문에 노동의 집단 생산은

108　마르크스·엥겔스, 『공산당 선언』 92-92쪽.

사회에, 즉 일반적인 의무의 기초 위에서 일하는 그리고 평등한 권리에 따라, 각자가 그의 합리적인 욕구에 따라 몫을 차지하면서 일하는 모든 멤버들에게 속한다.

노동의 해방은 노동의 수단을 사회의 공동재산으로 변형시킬 것을 요구하며 공공의 선을 위해 유익하게 될 그리고 노동의 결실에 대한 공정한 분배와 함께 집단 노동의 공동규제로의 변형을 요구한다.

강령 2

사회문제에 대한 해결 방법이 가능하기 위하여 독일의 사회주의 노동자당은 노동하는 사람들의 민주적 통제 아래서 국가의 도움을 받는 사회주의자의 생산자 협동조합의 건립을 요구한다. 생산자 협동조합은 모든 사회주의 노동 조직이 그것들로부터 발생한 규모 위에서 산업과 농업을 위한 존재로 요청될 것이다.

강령 3

사회주의 노동자당은 국가의 기반으로서 다음의 사항을 요구한다.

1. 국가와 자치도시의 모든 선거에서 20세 이상의 모든 시민들에 대한 비밀투표 및 의무적인 투표와 함께 보통, 직접, 평등 선거권이 보장되고, 선거일은 일요일이나 공휴일이 되어야

한다.

2. 국민에 의한 직접 입법과 국민에 의한 전쟁과 평화에 대한 결정

3. 일반 군사 훈련을 위해 상비군 대신 국민군 창설

4. 모든 예외법의 폐지

5. 국민에 의한 재판 행정, 자유로운 재판 행정

6. 국가에 의한 모든 사람의 평등한 공교육

7. 정치적 권리와 자유를 가능한 한 크게 확대

8. 현존의 세금 대신에, 특히 국민에게 부담이 되는 간접세 대신에 국가와 자치도시들에 대한 단일한 누진 소득세

9. 단체 행동의 무제한적인 권리

10. 사회의 요구에 상응하는 정상적인 노동 일수, 모든 일요일의 노동 금지

11. 건강과 품행에 해로운 유아 노동 및 모든 부녀 노동의 금지

12. 노동자들의 생활과 건강을 위한 보호법률 제정

13. 형무소 노동 구제

14. 모든 노동자들의 보조 기금의 완전한 자치 행정

마르크스는「고타강령비판」에서 고타강령의 내용을 비판한다.[109]

우선 강령 1에 대한 부분을 길게 설명해 보자. 맑스가 기술한 문장들의 핵심내용을 정리해 보자는 것이다.

1-1. 노동은 모든 부의 원천이 아니다. 왜냐하면 노동이 부의 원 천이 되기 위해서는 노동수단과 노동대상이 노동자에게 속한다는 전제가 필요하기 때문이다. 다시 말해 노동의 원 천이 자연이 노동자의 소유가 된 상태에서만 노동을 통해 서 부를 창조할 수 있다는 뜻이다.

1-2. 유익한 노동은 사회를 통해서만 가능하다는 의미가 왜곡 되어 있다. 유익한 노동은 사회를 통해서만 가능한가? 그 렇다면 원시인들이 돌로 짐승을 쓰러트려 먹이를 잡는 것 은 유익한 노동이 아닌가? 물론 유익한 노동이다. 왜냐하 면 먹잇감을 잡아 생존하려는 원시인들의 행동은 생존에 필요한 노동이기 때문이다. 그런데 원시인은 사회 속에 사 는 인간이 아니다. 그렇다면 사회를 통해서만 유익한 노동 이 가능하다는 말은 모순이다.

1-3. 노동의 집단생산물이 합리적인 요구에 따라 사회 멤버들 에게 속한다면, 각종 사적 소유물은 어떻게 정당성을 얻은 것일까? 그들도 자신의 사적 소유가 사회의 기초이기 때문 에 정당한 것이라고 주장하고 있다. 이렇게 되면 노동자들 의 정당한 권리와 부르주아들의 정당한 권리는 구분할 수

---

109   마르크스, 최인호 외 역, "고타강령 비판,"『마르크스 엥겔스 저작선집』4, 박종철출판사, 2018, 371쪽.

없게 된다.

위와 같은 논리적 모순이 많은 첫 번째 강령이 등장하게 된 이유는 간단하다. 라살레는 자주 '온전한 노동수익'이라는 표현을 사용했는데, 이 단어를 당의 가치에 올려놓기 위한 것일 뿐이다.

두 번째 문장에서도 모순이 발견된다

1-4. 노동의 해방을 위해서 노동의 수단을 공동재산으로 변형시킨다고? 그리고 노동의 결실에 대한 공정한 분배는 무슨 말인가? 우선 공동재산이나 공동분배라는 단어에 호응하는 문장은 "모든 사회 성원들"이라는 위 문단의 표현이다. 그럼 노동하지 않는 모든 사람에게 공동재산과 공동분배를 하자는 뜻인가? 아니면 노동하는 사람에게만 해당되는 것인가? 만일 노동자들만의 권리라고 하면 "모든 사회 성원들의 평등한 권리"라는 표현과 모순되는 것 아닌가?

여기서 마르크스는 노동수익이라는 단어의 의미를 따지고 묻는다. 이것이 노동의 사회적 총생산물이라고 한다면, 여기에서는 다음과 같은 것이 공제되고 남는 개념으로 이해하는 것이 적절하다. 즉 첫째로 소모된 생산수단의 보전을 위한 배상분[110], 둘째로 생산의 확대를 위한 추가 부분, 셋째로 사고, 재해로 인한 장애 등에 대비한 예비금, 넷째로 일반관리 비용, 다섯째로 학교나 위생설비 비용, 여섯째로 노동능력이 없는 사람을 위한 기금 등이다. 이러한 비용을 제외하고 남은 것을 노동수익이라고 한다면, 과연 노동자들이 쉽게 동의할까? 아마도 반대할 것이다. 자기 몫이 너무 적어지기 때문이다. 이렇게 두고 보면 노동수익을 공동분배한다는 뜻은 노동조합에 가입하고 있는 사람들 사이에서 분배를 한다는 것을 의미하게 된다. 그런데 자본주의 사회에서 노동조합에 가입되어 있지 않은 사람들은 어떻게 되나? 이 질문에 라살레는 대답을 못 하고 있는 것이 아닌가?

만일 조합 내에서 노동자들 간의 공동분배를 인정한다고 해도, 이것이 공정한 분배일까? 개별생산자가 노동생산물을 통해 사회에 주는 것은 자신의 노동량이다. 즉 사회적 노동일에 대한 자신의 몫이다. 그는 이러한 노동을 사회에 제공했다는 증서를 받고, 소비단의 저장고에 가서 동일한 양의 노동비용을 들인 소비재를 받아올 것이다. 만일 공동분배의 형식이 이런 것이라면, 공동분배는 상품교환과 똑같은 논리일 뿐이다. 따라서 이러한 평등한 권리는 결국 부르주아적 권리에 불과하다.

이러한 방식의 분배를 주장한 사람들이 프랑스의 공상적 사회주의자들이었다. 그리고 이들이 분배를 강조하는 것이 잘못된 것

---

110   현대 경영학 용어로 표현하자면 감가상각비에 해당하겠다.

이라는 점을 이미 밝힌 바 있다고 마르크스는 주장한다.[111] 정작 중요한 것은 생산과정 속에서의 착취인데, 과거 프랑스의 사회주의자들이 그랬던 것처럼, 라살레는 그 점을 제대로 이해하지 못하고 분배 문제에만 주의를 집중하고 있다. 편협하고 잘못된 시각이라는 것이다.

> "속류 사회주의는 부르주아 경제학자를 본받아 분배를 생산방식과는 독립된 것으로 간주하고 또 그렇게 다루고 있으며, 따라서 사회주의는 주로 분배를 중심문제로 하고 있다는 듯이 서술하고 있다. 진정한 관계가 이미 오래전에 해명되었는데, 무엇 때문에 다시 뒤로 돌아간다는 말인가?"[112]

다음으로 강령 2에 대한 마르크스의 비판을 살펴보자.

2-1. 그리고 이어서 마르크스는 노동자당이 민주적 통제 아래

---

111 예를 들어 마르크스는 「철학의 빈곤」에서 푸르동을 비판한 바 있는데, 그 이유는 그가 잉여 가치론이나 생산의 착취 개념을 모르고, 공동분배와 같은 개념을 사용하고 있기 때문이다. 라살레를 비판하는 논리도 이와 비슷한 맥락으로 보인다.

112 마르크스, "고타강령 비판," 378쪽.

서 국가의 도움을 받는다는 표현을 비판한다. 즉 여기서 마르크스와 라살레의 국가관이 정면으로 대결한다. 마르크스가 보기에 오늘날의 국가는 자본주의 사회이며, 특수한 역사적 발전을 통해 변모하고 있으며, 국경과 함께 변화한다. 즉 영국이나 미국의 국가와 프로이센의 국가는 전혀 다른 것이다. 그런데 독일 노동자당은 독일 내부에서 자리를 잡아야 하며, 지금 독일은 군주권의 통제 아래 있다. 그러니 민주주의를 들먹이며 국가의 통제 아래서 노동조합운동을 결성하는 것이 가능하지 않다. 독일 사민당이 마주한 국가의 현실은 관료주의적 독재와 경찰의 감시가 지배하고 있는데, 무슨 망상을 하고 있는 것인가? 이것이 현실을 보는 마르크스의 기본 입장이다.

2-2. 그리고 국가의 자유로운 기초라는 표현에서 마르크스는 국가가 자유롭게 되는 전제조건은 사회가 국가보다 우위에 서 있는 상황이라고 주장한다. 이 말은 결국 경제구조가 중요하고, 상부구조인 국가는 경제구조에 종속되어 있다는 의미일 것이다. 따라서 궁극적으로 자유를 향유하기 위해서는 자본주의 사회에서 공산주의 사회로 이행하는 길뿐이며, 이 시기의 중간에 정치적 이행기가 존재하는바, 그것을 프롤레타리아 혁명적 독재라고 부른다.

이어서 강령 3에 대한 마르크스의 비판을 살펴보자.

3-1. 마르크스는 사민주의 노동당의 10가지 요구사항을 반박한다. 그중에서도 6번 항목에서 제기된 평등한 공교육에 대하여 신랄하게 비판한다. 한마디로 요약하자면, 국가가 국민을 교육하는 것이 잘못이라는 것이다. 국가가 학교의 재원이나 교사의 자격과 교과 내용을 결정하게 되면, 결국 국가이데올로기를 인민에게 전파시켜 노동자의 계급의식을 방해하는 역할을 하게 될 것이라는 우려이다. 그래서 마르크스는 평등한 교육이나, 양심의 자유이니 하는 구호를 외치는 라살레주의자들을 두고 민주주의라는 신앙에 감염된 병자들이라고 진단한다. 라살레와 그의 추종자들은 아직도 부르주아적 인식수준에서 벗어나지 못하고 있다. 이것이 마르크스의 진단이다.

"그러나 노동자당은 어쨌든, 이 기회에, 부르주아적 양심의 자유는 가능한 모든 종류의 종교적 양심의 자유의 감수에 지나지 않는다는 점과 당은 오히려 양심을 종교의 도깨비로부터 해방하려고 노력한다는 점에 관한 자신의 의식을 밝혔어야 했다. 그러나 사람들은 아직도 부르주아 수준을 넘어서지 않은 채로 있다."[113]

---

113   마르크스, "고타강령 비판," 388쪽.

3장 | 베른슈타인

1875년 고타강령과 그에 대한 비판은 사민주의와 마르크시즘의 첫 번째 충돌이었다. 그러다가 부르주아 정권과 연합정치를 할 것인가를 두고 논쟁을 거치면서 당내에서 베른슈타인과 로자 룩셈부르크가 다시 한번 충돌하게 된다. 이를 두고 수정주의 논쟁이라고 한다. 이 논쟁 과정에서 베른슈타인이 당 기관지 『세대』에 기고한 글들을 편집하여 출간한 책이 『사회주의의 전제와 사민당의 과제』[114]이다. 이 책은 독일 운동사에서 사민주의가 득세하는 데 결정적으로 중요한 역할을 한다. 아래에서 그 내용을 자세히 살펴보도록 하자.

이 책에서 베른슈타인이 주장하는 바가 서론에 잘 요약되어 있다. 서론 부분만 정확히 이해해도 충분하다고 필자는 생각한다. 사실 본문 1장에서 3장까지는 마르크스 자본론에 대한 선이해가 있어야 베른슈타인의 비판을 이해할 수 있는 터라, 그리 쉽게 읽히는 부분이 아니다. 그렇다면 서론에서 베른슈타인이 주장하는 바를 한마디로 요약한다면 무엇일까? 그 대답이 서문 초입 부분에 나타나 있다.

---

114   베른슈타인, 강신준 역, 『사회주의 전제와 사민당의 과제』, 한길사, 2005.

"나는 부르주아 사회의 예상되는 붕괴가 이제 막 우리에게 임박했으며 사민당은 자신의 전술을 이러한 임박한 사회적인 대 파국의 전망 아래서 수립해야 하며, 혹은 그런 전망에 의존해야 한다는 견해에 반대한다. 내가 주장하는 것은 전적으로 바로 이 점에 있다."[115]

한마디로 말해 자본주의 사회가 곧 망할 것이라는 마르크스의 예언에 동조할 수 없다는 것이다. 그 이유는 다음과 같다.[116]

첫째, 마르크스가 「공산당 선언」에서 사회적 관계가 양극화되어 있다고 묘사했지만, 현실은 오히려 반대이다. 즉 독일 사회에서 유산자의 숫자는 늘어가고, 중산층도 사라지지 않았다. 사회적 생산과 부가 증가함에 따라서 자본가의 숫자도 늘어 가고 있으니, 소수의 자본가에게 사회적 부가 독점될 것이라는 마르크스의 예견도 틀렸다.

둘째, 생산의 집적과 독점에 대한 예상도 잘못되었다. 농업 분야에서 집중현상은 아직 나타나지 않았고, 기업별로 몰락하는 기업도 많지 않다. 기업의 운영방식이 달라져서, 독점과 집적에 의한

115   베른슈타인, 『사회주의 전제와 사민당의 과제』, 52쪽.
116   베른슈타인, 『사회주의 전제와 사민당의 과제』, 53쪽.

자본의 횡포가 그다지 심각하지 않다.

셋째, 민주적 제도들이 정착되어 감에 따라서 자본가들의 특권들이 점차 사라지고 있다. 또 노동운동에 힘입어 노동자들의 복지가 향상되어 가고 있다. 대표적인 사례가 공장법이며, 자치단체의 행정이 민주화되거나, 노동조합의 활동을 금지하던 악법들도 폐지되고 있다.

이러한 사회적 변화를 가장 먼저 인식한 사람은 엥겔스이다. 1895년 엥겔스가 마르크스의 저작 『프랑스에서의 계급투쟁』 영어판 서문을 썼는데, 여기에서 엥겔스는 다음과 같이 적고 있다. 즉 이제 혁명의 시기는 지나가고, 다수의 대중과 군대가 충돌하는 일은 오히려 사민당을 후퇴시킬 것이다. 즉 불법적인 사회전복의 방법을 버리고, 합법적인 방법으로 노동운동을 추진하는 것이 사민당의 성공을 위해서 유용하다는 것이다. 그러면서 엥겔스는 당의 당면과제는 득표율을 높여가는 것이고, 의회활동을 추진하는 것이라고 강조했다.

베른슈타인은 젊은 시절 엥겔스의 비서로 활동한 바 있으니, 엥겔스가 이렇게 주장한 맥락을 누구보다도 잘 이해하고 있었을 것이다. 베른슈타인이 보기에, 엥겔스는 이미 마르크스의 노동자 혁명론을 반대하고 있었던 것이다. 그리고 베른슈타인은 좀 더 과감하게 주장하기를, 「공산당 선언」에서 마르크스가 주장한 프롤레타리아의 임무라도 것도 민주주의를 쟁취하는 것이라고 말한다. 우리가 위에서 「공산당 선언」의 일부분을 인용하면서 알게 된 사실이지만, 사실 마르크스가 주장한 핵심은 부르주아 민주주의를 타도하자는 것임이 분명하다. 그런데 왜 베른슈타인은 마르크스의 혁명론을 이런 식으로 왜곡한 것일까? 필자가 보기에 베른슈타인의 대답은 독일 자본주의가 파국을 맞이할 가능성이 크지 않기 때문이라는 문장에서 잘 드러난다.[117]

마르크스의 핵심적인 사상을 왜곡하면서까지 베른슈타인은 민주정치론을 주장했던바, 그 이유는 노동운동의 목표가 이념이나 사상에 얽매이는 것을 경계했기 때문이다. 베른슈타인에게 현실적인 목표는 노동자들의 권리를 획득하는 것이다. 따라서 최종적인 목표로서 부르주아 민주주의를 타도한다는 마르크스의 사상은 현실을 모르는 사상의 상아탑으로 보였을 것이다. 아래 문장은 이러한 베른슈타인의 입장을 극명하게 보여준다.

"나의 의식과 관심은 현재, 그리고 당장의 가까운 미래의 과제에만 쏠려 있으며 단지 이런 관점에서 합목적인 행동을 하는데 나에게 중요한 지침이 되는 경우에만 현재를 넘어서는 전망이 나에게 의미를 갖는 것이다."[118]

---

117   베른슈타인, 『사회주의 전제와 사민당의 과제』, 56쪽.
118   베른슈타인, 『사회주의 전제와 사민당의 과제』, 57쪽.

따라서 현실에 비추어 마르크스나 엥겔스의 사유체계가 틀렸다고 한다면, 얼마든지 그들이 사상을 비판할 수 있어야 한다. 이것이 베른슈타인이 이 책을 집필하게 된 동기이다. 더구나 엥겔스는 마르크스를 가장 잘 이해하고 있는 친구였는데, 그런 엥겔스마저도, 마르크스의 예견을 틀렸다고 말하고 있지 않은가? 엥겔스는 시간의 흐름에 따라서 독일 상황에 조응하여 새로운 이론 틀이 필요하다고 얘기했고, 베른슈타인도 엥겔스의 이러한 유연성에 동소하면서 이 글을 쓰고 있다.

베른슈타인 책의 1장부터 3장까지는 마르크스의 저작에 대한 깊이 있는 비판이다. 사실 필자도, 그리고 이 책을 읽는 독자도, 이 부분을 이해하기 쉽지 않을 것이다. 다른 한편 중도정치에 집중하고 있는 집필 의도에 비추어 보면, 마르크스의 저작을 전부 읽고, 베른슈타인의 비판을 모두 이해할 필요도 없을 것이다. 그러니 여기서는 각 장의 핵심적인 내용만을 간략하게 요약해 보자.

우선 1장에서는 마르크스주의 방법론에 대해 비판하고 있다. 특히 유물론에 대한 자신의 입장을 밝히고 있다. 대체로 마르크시즘 내에서 유물론이란 역사적 필연성과 관련된 개념이다. 예컨대 자본주의는 상품교환을 기본단위로 하고 있기 때문에, 착취가 발생하고, 노동자들은 궁핍한 생활에서 벗어나지 못한다. 또 자본주의가 성숙하여 노-자 간의 대립이 극단화되면, 여기서 노동자 혁명이 발생하고 자본주의는 필연적으로 붕괴할 것이다. 이러한 서술은 한편으로 경제적 분석일 수도 있고, 다른 한편으로는 예견일 수도 있다. 어쨌든 마르크스는 이러한 입장을 하나의 법칙처럼 생각하고, 모든 사회가 중세봉건 사회에서 자본주의를 거쳐 사회주의로 이행할 것이라고 주장한 바 있다. 그래서 마르크스의 문장에는 단계나 이행에 관련된 단어가 자주 등장한다. 이 점을 비판하기 위해서 베른슈타인은 마르크스의 『경제학 비판』 서문의 한 문장을 인용한다.

"부르주아적 생산관계는 사회적 생산과정의 마지막 적대적 형태이다. (…) 그러나 부르주아 사회의 품 안에서 스스로 발전해 나간 생산력은 동시에 이 적대적 성격을 해소하기 위한 물적 조건을 만들어낸다. 그러므로 이 사회형태와 함께 함께 인류 역사의 전사가 막을 내린다. 『경제학 비판』 「서문」"[119]

이 인용문을 통해 베른슈타인이 지적하고자 하는 핵심은 마르크스가 일정한 법칙성에 집착한 나머지, 인간의 의지나 사회적 상황 등과 같은 임의적 변수에 대해서 고려하지 않았다는 점이다. 다시 말해 마르크스가 경제변동과 사회적 변화를 마치 물리적 운동법칙과 같이 취급하고 있다는 점이다. 이러한 표현들은 마르크스

---

119   베른슈타인, 『사회주의 전제와 사민당의 과제』, 69쪽.

저작의 곳곳에서 등장하는데, 베른슈타인은 이 문장들을 인용하면서, 마르크스의 역사관과 방법론을 비판하고 있다.[120]

우선 베른슈타인은 『자본론』 1권 서문에 나오는 문장을 다시 인용한다. 즉 "자본주의적 생산의 자연법칙은 강철같이 단단한 필연성으로 작용하면서 스스로를 관철해 가는 경향이 있다."라는 문장이다.

둘째는 『반뒤링론』에 등상하는 표현이다. "모든 사회적 변화와 정치적 변혁의 궁극적인 원인은 인간의 머릿속이 아니라 생산양식과 교환양식의 변화 속에서 찾아져야만 한다."

셋째는 엥겔스가 잡지에 기고한 논문을 인용한다. 거기에서 이런 표현이 나온다. "힘의 평행 사변형들의 무한한 결합체를 이루고 있으며, 바로 이 결합체로부터 역사적 사건이라고 하는 결과물이 만들어진다."

마르크스와 엥겔스의 저작들에 등장한 여러 문장들을 인용하고 비판하면서, 베른슈타인이 결론적으로 하고 싶은 말은, 마르크스와 엥겔스의 기본시각이 생산관계에 집중되다 보니, 경제발전법칙에만 매몰되어 있다는 것이다. 그러니 자연스럽게 그들은 인간의 의지나 노력, 또는 역사 속의 우연적인 요인에 대해서 주목하지 않

---

120   베른슈타인, 『사회주의 전제와 사민당의 과제』, 69-71쪽.

았다. 이러한 비판을 통해서 베른슈타인이 강조하고 싶은 것은, 사회주의라는 것이 시간적-지리적-인간적 차이에 따라 다른 방식으로 구현될 수 있다는 것이다. 그러니 순수하게 경제적인 요인들만으로 사회변동을 설명하고, 혁명의 방식을 주도해가는 것은 매우 위험스럽다. 여기서 더 나아가 마르크스가 상부구조라고 무시했던 이데올로기, 과학, 예술 따위들이 경제적인 요인에 의해서 결정되지 않는다고 주장한다.[121] 따라서 유물론적 역사관은 새롭게 보완되어야 한다. 물론 보안 내용은 현실정치에 대한 이해로부터 출발하는 것이다.

2장에서는 마르크스가 헤겔 변증법을 잘못 이해하고 있으며, 그 결과로 경제 현실을 올바로 이해하지 못했다고 비판한다. 원래 헤겔의 변증법이란 현실에 대한 다양한 요인들을 복합적으로 분석하고, 이해하는 것이다. 그런데도, 마르크스가 역사를 읽어내는 요인을 경제적인 것으로 한정함으로써 변증법 사고의 유연성을 스스로가 폐기하고 말았다. 이러한 편협성은 프롤레타리아와 자본가

---

121 1960년대 프랑스의 마르크스주의자 알튀세르는 마르크스의 경제결정론을 비판하면서, 상부구조의 상대적 자율성을 주장하는데, 아마도 이러한 논리의 선구자가 베른슈타인이었다고 말해도 좋겠다. 알튀세르에 대한 자세한 논의는 출판 예정인 홍알정 4권 『68혁명과 생활정치』에서 자세히 다룰 것이다.

의 대립을 통해서 자본주의 모순을 이해하고, 프롤레타리아가 사회주의 혁명을 수행하는 중심세력이라는 주장을 강조하기 위한 학문적 고집에서 기인한 것이다. 베른슈타인이 보기에 이것은 과학이라기보다는 몽상에 가깝다.

그러면서 그는 『프랑스에서의 계급투쟁』의 영어판에 서문을 쓴 엥겔스의 입장을 강하게 부각한다. 적어도 엥겔스는 마르크스가 정치-경제의 발전법칙을 잘못 해석했다는 점을 스스로 시인했다고 베른슈타인은 말하고 있다. 그러므로 앞으로 노동운동을 이끌어 갈 사민당의 과제는 마르크스와는 다른 관점에서 재고되어야 한다. 좀 더 구체적으로는 마르크스의 혁명투쟁노선을 수정해야 한다.

> "엥겔스의 서문에 따라 이루어져야 할 수정 가운데 보다 중요한 것은 근대에 관한 사회주의 역사기술에 대한 수정보다는 투쟁과 사민당의 과제에 대한 전체 견해에 대한 수정이다. 그리고 이를 위해서는 우선 지금까지 거의 언급되지 않았던 점, 즉 원래 마르크스주의와 블랑키주의 간의 내적 관련과 이 내적 관련의 해체문제를 다루어야 한다."[122]

베른슈타인의 역사의식에 입각해 보면, 마르크스의 노동혁명이론은 블랑키의 투쟁방식에서 큰 영향을 받은 것이다. 바뵈프로부터 시작해서 블랑키로 이어지는 프랑스 노동운동의 역사는 폭력을 통해 부르주아를 전복시키려는 시도인데, 마르크스가 이것을 그대로 답습하고 있다. 즉 의식화된 소수의 힘을 통해서 부르주아의 지배를 전복시킨다는 이념이 바로 블랑키주의이다. 그런데 마르크스는 이것을 받아들여 혁명정당에 의해서 자본주의를 붕괴시킨다는 이론을 만들어 낸 것이다. 「공산당 선언」에서 마르크스는 프랑스의 사회주의자들을 거론하며, 비판했는데, 유일하게 바뵈프와 블랑키의 이름은 거론하지 않았다. 또 『프랑스에서의 계급투쟁』, 『브뤼메일 18일』과 같은 정치저작에서 마르크스는 블랑키적인 혁명 투쟁방식을 강조했다. 그리고 이러한 사상과 노선은 당대에 로자 룩셈부르크로 이어지고 있다.

그런데 베른슈타인이 보기에 이러한 파괴적인 방식을 고집하게 되면, 분명 정치적으로나 경제적으로, 부르주아 세력의 반동을 불러올 것이다. 이러한 방식은 프랑스에서 1848년 노동자 봉기로 이미 발생한 바 있다. 이 사건은 무장투쟁이 노동자들에게 엄청난 희생을 초래했으며, 부르주아 정권의 반동적 태도를 조장하여 오히려 노동자들에게 실익이 없었다는 점을 알려주는 사례이다. 이 점이 바로 로자 룩셈부르크와 베른슈타인의 차이점 중 하나이다. 1848년 프랑스에서 있었던 노동자 봉기를 두고, 전통적인 마르크스주의자들은 성공적인 사례로 해석했던 것에 반해, 베른슈타인은

---

122   베른슈타인, 『사회주의 전제와 사민당의 과제』, 101쪽.

정반대 해석을 내놓았기 때문이다. 1870년 파리 코뮌의 경우도 마찬가지이다. 노동자들이 연대하여 3개월 동안 노동자들의 정부를 구성했지만, 그 이후에는 부르주아 정권이 다시 들어섰기 때문이다. 요약하자면 노동자가 단결하여 무장투쟁을 성공시켰다고 하더라도, 곧바로 부르주아 반동세력이 득세했으며, 이것은 결국 민주주의를 훼손하여 노동자들에 대한 탄압의 강도를 더 높였을 뿐이다.

더구나 베른슈타인이 보기에 당대에 독일의 노동자들은 1848년과 1870년 파리의 노동자들처럼 무장투쟁을 벌일 만큼 혁명적이지 않다. 따라서 이제 독일에서는 선거권과 의회활동을 통해서 노동자 운동을 전개해야 한다. 이것이야말로 헤겔 변증법의 진정한 해석이다. 즉 현실이 허용하는 가능한 투쟁방식을 생각하고, 시대 상황에 맞게 대응해야 하는 것이 바로 헤겔 변증법이 우리에게 알려주고 있는 철학적 교훈이다.

> "왜냐하면 이 점과 관련하여 블랑키주의의 비판은 마르크스주의의 자기비판이기 때문이다. (…) 경제를 사회발전의 토대로 삼아 출발했던 이론이 폭력의 숭배를 극단적으로 추구하는 이론 앞에서 항복하는 것을 보면서 우리는 그때마다 거기에서 헤겔의 명제와 마주치게 된다."[123]

3장은 노동가치론에 대한 비판으로 시작한다. 사실 이 문제는

1장의 말미에서 베른슈타인이 문제를 제기해 놓고, 이론적으로는 미비하게 남겨 두고 지나쳐 버린 쟁점인데, 3장에서 다시 점검하고 있다. 1장에서 거론했던 부분을 간략하게 정리해 보자.

우선 베른슈타인은 계급투쟁론에 대한 마르크스의 시각을 비판한다. 마르크스가 자본가와 노동자들의 관계는 적대적 계급대립의 관계이며, 이것은 자본주의가 진행되어감에 따라서 더욱 심각해진다고 예상했던 바, 이러한 시각의 근저에는 노동의 잉여가치론과 자본의 유기적 구성이라는 두 가지 경제적 이론이 자리 잡고 있다. 잉여가치론이란 노동자들이 수행한 노동의 가치가 임금을 통해 지불되기 때문에 착취가 불가피하다는 것을 의미한다. 착취가 불가피한 이유는 임금의 물신성을 전제로 한 시장의 교환관계와 더불어 자본가의 잉여이득에 대한 욕심 때문이다. 또 자본주의가 발전함에 따라 노동자의 삶이 궁핍해지고, 자본가와 적대적 관계가 심화되는 이유는 노동과 자본의 구성비율이 높아질수록 일자리가 줄어들기 때문이다. 이것은 이른바 자본의 효율성을 높이려는 방식으로 투자가 이루어지기 때문에 노동력의 희생이 불가피하다는 것이다. 이 두 가지 이론이야말로『자본론』을 관통하는 마르크스의 핵심 사상이다.[124] 그렇지만 두 가지 이론 모두 잘못된 인

---

123   베른슈타인,『사회주의 전제와 사민당의 과제』, 114쪽.

124   베른슈타인,『사회주의 전제와 사민당의 과제』, 84-86쪽.

식론적 전제에서 출발한 것이라고 베른슈타인은 비판한다.

그런데 3장에서는 이 문제를 보다 깊이 있게 다룬다. 마르크스의 가치론에 대해 비판하는 내용이 좀 어렵다. 솔직히 고백하면 필자의 지적 수준을 넘어서고 있다. 그러니 간략하게만 요약해 보자. 우선 베른슈타인이 주목하는 대목은 마르크스의 '잉여가치' 개념이다. 잉여가치란 과연 무엇인가? 그가 정리한 바에 따르면, 잉여가치란 생산물의 노동가치와 소비된 노동력에 지불된 것의 차이다. 즉, 잉여가치=생산물의 가치-임금이라고 요약할 수 있다. 이 공식을 설명하기 위해 많은 지면을 할애하고 있지만, 이해하기 쉽지 않다. 그러나 베른슈타인이 명백하게 결론을 내리고 있는 부분은 위의 공식이 일반법칙이 될 수 없다는 것이다. 왜냐하면 교환에 참여하는 생산자들이 근본적으로 다른 조건에서 생산하기 때문이다. 즉 가치와 잉여가치의 문제는 경제 발전단계에 따라 매우 다르다. 그래서 원시 경제로부터, 중세의 매뉴펙처, 자본주의 사회의 노동과 상품교환의 흐름을 베른슈타인이 추적한다. 그러면서 노동과 가치라는 문제는, 애덤 스미스도 고민하던 문제였지만, 정확한 해답을 찾기 어렵다고 말한다.

그런데 마르크스는 이 문제에 '사회적으로 필요한 노동시간'이라는 개념을 제안함으로써, 개별노동자들에게 적용되는 상품의 가치의 문제가 아니라, 사회적 총생산과 그에 필요한 총노동시간이라는 관점으로 해석해 버렸다. 이것은 일종의 추상화의 오류이다. 이러한 추상화가 이론 수준에서는 어느 정도 용인될 수는 있다. 그렇지만 상품의 특성을 인간의 노동량으로 추상화하는 것은 가능하겠지만, 이를 넘어서 사회적 노동과 사회적 총생산이라는 수준에서는 이론적 추상화를 증명할 수 있는 측정기준이 없다. 이렇게 되면 결국 사회적 총생산에 참여하지 않는 사람들이 먹고살고 있다는 사실을 지적할 수밖에 없고, 이때 바로 착취의 개념이 등장한다. 결국 마르크스는 추상화된 이론을 근거로 노동가치와 착취의 문제를 연결 짓고 있는 것이다. 베른쉬타인이 보기에, 이것은 논리적 비약이다.

더구나 마르크스는『자본론』3권에서 은행이나 상인의 물건 교환을 생산과는 직접으로 관계없는 불필요한 것으로 분석하고 있는데, 이러한 시각에는 잉여가치가 생산영역에서만 이루어지는 것이라는 이론적 아집이 놓여 있다. 결국 생산은 노동이며, 다른 간접적인 요인들이 잉여가치의 생산에 도움을 준다는 현실은 전혀 고려되지 않았다. 이것이야말로 구체적으로 입증되지 않은 추상화의 오류이다. 이것이 베른슈타인이 지적하는 마르크스 가치론의 한계이다. 이러한 오류는 결국 노동자들이 착취당하는 현실을 고발하고, 나아가 자본가들을 공격하기 위한 목표를 미리 설정한 것에서 유래한다.

"노동가치론은 무엇보다도 노동 가치가 계속해서 자본가들에 의한 노동자들의 착취 척도로서 나타난다는 점에서 오류로 빠지고 있는데, 여기에는 무엇보다도 잉여가치율을 착취율로 표현하는 등의 잘못이 작용하고 있다."[125]

그러고 나서 계속해서 이윤율 하락에 대한 마르크스의 견해를 비판한다. 이 문제는 1장 말미에서 거론했던 자본의 유기적 구성이라는 개념과 맞물려 있다. 즉 자본의 투자가 증가하면서 이윤율을 높이기 위해서 자연적으로 노동력의 감소가 이어진다는 것이 노동과 자본의 유기적 구성이 고도화됨에 따라 노동자들의 일자리가 감소한다는 주장의 핵심이다. 이것은 자본의 집적, 독점과 밀접하게 연결된다. 즉 자본주의가 심화되면서 효율성을 위해서 투자자본의 규모는 커지고, 자본 소유자의 숫자가 줄어든다고 마르크스는 예상했다. 그런데 베른슈타인이 수집한 구체적인 자료에 따르면, 자본의 독점과 기업의 집중 현상은 오히려 반대로 나타나고 있다. 대표적인 사례가 주식회사의 형태이다. 자본의 소유자가 여러 명으로 분산되고, 여기에 기업을 운영하는 자본가들이 영향을 받게 됨으로써 독점적 이윤이 오히려 불가능해졌다. 여기서 베른슈타인은 영국에 등장한 트러스트 회사의 실태를 구체적으로 분석하고 있다.[126] 그리고 이를 통해서 사회적 총생산과 잉여가치가 모두 자본가로 흘러가는 것이 아니라, 노동자들의 생활을 개선하고,

125   베른슈타인, 『사회주의 전제와 사민당의 과제』, 129쪽.
126   베른슈타인, 『사회주의 전제와 사민당의 과제』, 133-138쪽.

중간계급의 숫자를 늘리는 데도 기여하고 있음을 확인한다.

> "그렇다면 자본가 부호들과 그들의 하인들이 소비하지 못한 나머지
> 상품들은 어디로 갔는가? (…) 자본가 계급의 숫자가 상대적으로 계
> 속 감소하고 프롤레타리아의 생활상태가 개선되고 동시에 중간계
> 급의 숫자가 늘어나는 것, 이것이 생산의 지속적인 증가를 가능하
> 게 하는 유일한 대안인 것이다."[127]

　따라서 노동자들이 지속적으로 궁핍해지고, 기업은 소수의 대
기업으로 집중된다는 마르크스의 분석은 틀렸다. 그렇다면 중소
기업이 활성화되고, 중간계급이 증가하는 이유는 무엇인가? 첫째
는 대기업이 중소기업에 비해 우월하다는 논리가 모든 산업에 적
용되지 않기 때문이다. 목재, 피혁, 금속가공과 같은 분야는 대기
업과 소기업의 생산공정을 분업하는 것이 관례이다. 둘째는 제빵
업과 같이 소비자 가까이에서 만들어지는 산업인 경우 중소기업이
대기업보다 유리하기 때문이다. 셋째는 대기업이 위험요소를 피
하고, 비용절감을 위해서, 스스로 중소기업의 형태로 분화하는 경
우가 있다. 이러한 3가지 이유를 증명하기 위해서 베른슈타인은

127　베른슈타인, 『사회주의 전제와 사민당의 과제』, 138쪽.

30년 가까운 세월 동안 독일에서 기업의 변화추세와 통계수치를 분석하고 있다.[128]

그리고 3장 마지막 부분에서는 주기적으로 반복되는 경제공황에 대한 마르크스의 예측이 잘못되었음을 증명하고 있다. 그 내용의 핵심은 생산이 위축되지 않도록 새로운 투자와 투기가 감행되고 이것이 자본주의 경제의 공황을 극복하고 지속적으로 발전을 이루어 낼 수 있는 원동력이라는 주장이다. 특히 여기서 베른슈타인은 금융과 신용제도에 대한 자신의 의견과 로자 룩셈부르크의 견해가 다르다는 점을 분명히 하면서, 룩셈부르크의 이론을 공격하고 있다. 이 부분에 대한 룩셈부르크의 견해는 뒤에서 살펴보기로 하자.

4장에서는 드디어 사민당의 실천목표에 대해서 서술한다. 목표를 한마디로 요약하면, 사민주의 정당은 협동조합 운동을 펼쳐야 한다는 것이다. 왜냐하면 노동자들의 생활조건을 향상시키는 것이 급선무이며, 이를 위해서 노동자들의 세력을 규합해야 하기 때문이다. 그동안 마르크스주의자들이 협동조합에 대해서 소홀했던 이유는 두 가지이다. 첫째는 그들은 정치적 혁명을 중요한 목표로 설정했을 뿐 협동조합은 부수적인 것으로 생각했다. 적어도 전통

---

128   베른슈타인, 『사회주의 전제와 사민당의 과제』, 150-157쪽.

마르크스주의자들에게 협동조합은 부수적이고 소규모의 운동으로 보였고, 따라서 사회 전체를 변혁하는 데 한계가 있다고 생각했다. 둘째 마르크스는 협동조합에 대하여 일종의 편견이 있었다. 다시 말해 이것이 노동운동의 본질이 될 수 없다고 생각한 것이다. 이러한 편견은 마르크스의 착취이론에서 유래한다. 마르크스의 목표는 착취 없는 세상을 만드는 것이었는데, 그는 협동조합운동이 그 목표를 성취하는 데 분명 한계가 있다고 판단했던 것이다.

그런데 베른슈타인이 보기에 협동조합은 노동자 세력을 결집하는 중요한 정치집단으로 성장해 왔다. 협동조합의 수도 증가했고, 여기에 가입한 노동자도 많아졌다. 이것은 단순히 부분적인 조합을 넘어서 사회변혁을 도모할 수 있는 정치력을 가지게 되었다는 뜻이다. 다른 한편 협동조합은 일상생활의 복지를 향상시키는 데 중요한 역할을 하게 되었는바, 여기서 협동조합을 구매와 판매를 구분하는 조직으로 분류할 것을 제안한다. 전자는 생필품을 공동구매함으로써 복지를 누릴 수 있는 방안이며, 후자는 노동자들의 임금상승을 위해 협상력을 높일 수 있는 방편이다.

나아가 그는 협동조합과 상호부조제도를 연결해야 한다고 주장한다. 일종의 노동자 공동체 생활을 주장한 것인데, 여기서 베른슈타인은 오언의 이름을 언급한다. 필자의 추정으로는, 베른슈타인이 사회주의 탄압법을 피해 2년간 영국에 체류한 경험이 있는데, 그때 오언과 영국의 협동조합 운영에 대해서 알게 되었을 것이다. 그리고 이 대목에서 그는 영국 페비안 사회주의자인 웹 부부의 이름도 거명하면서, 노동자 출자조합과 같은 형태의 운영방식을 제안하기도 한다. 물론 이 방식이 노동자들이 산업을 독점하는 위험성이 있다고 경고하지만, 협동조합이 생활의 운영이나 정치적 목표를 달성하는 데 중요한 조직이 될 것이라는 점은 분명하게 밝히고 있다. 적어도 협동조합을 통해서 민주주의를 정착시키고, 이를 기반으로 노동자들의 일상생활을 향상시킬 수 있는 것이 바로 사민주의 정당의 목표가 되어야 한다. 이것이야말로 계급철폐를 이루고 노동자를 위한 사회를 만들 수 있는 현실적인 대안이다.

베른슈타인이 바라보는 노동운동은 결국 임금, 노동시간, 노동권이라는 대상을 두고 전개하는 권한 투쟁이다. 이것이 마르크스의 노동운동과 분명히 차이가 나는 대목이다. 따라서 사회주의를 위한 투쟁과 목표는 발명되는 것이 아니라 발견되어야 한다. 다시 말해 시대의 변화에 따라 노동운동과 사회주의의 목표가 달라져야 한다. 마르크스는『자본론』서문에서 사회발전 법칙이 자연법칙과 같은 것이라고 말한 바 있지만, 베른슈타인은『사회주의란 무엇인가?』라는 연설문에서 사회변화는 사회 전체의 생활조건이 달라져야 하며, 이를 기반으로 특정한 발전으로 향해갈 수 있다고 말한다.[129] 여기서 한발 더 나아가 사회주의는 집단의 특수한 이해를

129   베른슈타인, 송병헌 역,『사회주의란 무엇인가?』, 책세상, 2002년, 73쪽.

넘어서 전체의 이해를 고양시키는 것이라고 주장한다. 즉 사회주의는 계급의 전체이해에서 나온다.[130]

"사회주의를 무엇으로 이해하느냐는 질문에서 나는 한 나이 든 노동자에게서 고전적인 답변을 들었다. 그의 종이 위에는 단 한 단어가 씌어 있었는데, 그것은 연대성이었다. 내가 볼 때 그것은 한 단어로 주어질 수 있는 가장 옳은 대답이었다. 공유의 느낌, 사회로서의 인간의 결속, 그것이 그 소박한 사람에게 사회주의의 본질적 사상이었던 것이다."[131]

이러한 베른슈타인의 사회주의 사상에 대해 로자 룩셈부르크는 정면으로 반박한다. 그 내용은 대체로 3가지 정도로 요약된다.

1. 신용체제와 기업의 운용 방식이 달라져 자본주의 경제가 전면적 위기에서 벗어날 수 있다는 진단에 대해서 비판한다. 여기서 로자 룩셈부르크는 사회주의 기초에 대해서 근본적인 입장을 다시 한번 반복한다. 그 내용은 첫째, 자본주의가 몰락하는 이유는 경제의 무정부성에 있다. 둘째, 생산과정

---

130   베른슈타인, 『사회주의란 무엇인가?』, 137쪽.

131   베른슈타인, 『사회주의란 무엇인가?』, 140쪽.

의 사회화 과정만이 미래의 사회질서를 근본적으로 변화시킨다. 셋째, 프롤레타리아가 가지는 계급의식과 힘이 사회를 변화시키는 근본적인 동력이다.[132] 그런데 룩셈부르크가 보기에 베른슈타인은 이러한 3가지 사회주의 전제를 망각한 채 자본주의가 몰락하지 않는 특정한 형태에 매몰되어 있다. 그렇기 때문에 베른슈타인은 카르텔, 신용체제 등이 노동자의 지위를 상승시키고, 자본주의가 멸망하지 않고 생존할 수 있도록 도와준다고 생각할 수 있었던 것이다. 베른슈타인은 이러한 현상들을 적응수단이라고 불렀다.

그렇지만 룩셈부르크가 보기에 베른슈타인이 주장하는 자본주의의 유지는 결국 임시적인 처방에 불과하고, 자본주의 모순을 근본적으로 해결하지 못한다. 이것은 공허한 이상에 불과하다. 한마디로 말해 관념론적 발상이라는 것이다. 적어도 룩셈부르크가 판단하기에 사회주의로의 변혁은 자본주의의 객관적인 모순이 심화되어서 일어나는 필연적인 결과인데, 베른슈타인은 이것을 적응수단이라는 개념을 통해서 자본주의 모순을 은폐하고 있을 뿐이다.

예를 들어 베른슈타인은 신용체제를 통해서 자본주의의

---

132 로자 룩셈부르크, 김병미·송병헌 역, 『사회개혁이냐 혁명이냐』, 책세상, 2002, 21쪽.

공황과 궁핍화 현상이 어느 정도 완화될 수 있다고 예견했지만, 룩셈부르크의 견해는 정반대이다. 즉 그녀가 보기에 신용체계는 생산을 확대하지만, 교환은 최소한의 영역으로 마비시키기 때문에, 생산양식과 교환양식 사이에 모순이 극대화되어 자본주의 멸망은 피할 수 없다.

2. 국제적인 수준에서 카르텔이 형성되고, 해외의 영토확장이 실현되면, 국내생산물을 외국에서 판매할 수 있는 통로가 열려 자본주의 주기적인 파국을 막아낼 수 있다는 베른슈타인의 주장에 대해서도 정면으로 반기를 들었다. 룩셈부르크가 보기에 해외시장을 개척하여 소비를 진작시키는 방식이 자본주의를 유지하는 적응 수단이 될 수 없다. 왜냐하면 베른슈타인의 관점이 타당하기 위해서는 자본주의 생산을 교환에 적응시킬 수 있다는 가정이 성립해야 하는데, 이것은 두 가지 이유로 불가능하다. 첫째는 세계시장이 무한히 확장될 수 있어야 하고, 둘째는 생산력의 발전이 시장의 한계를 넘어서지 않아야 한다. 그런데 이 두 가지 전제는 상식적으로도 성립되기 어렵다. 첫 번째는 통일된 세계국가가 되더라도 그 역시 국내 경제 안에서 생산력과 소비의 충돌을 또다시 보게 될 것이며, 두 번째는 비약적으로 발전하는 생산기술의 발전이 이미 소비 수준을 넘어서기 때문이다.

여기서 룩셈부르크는 대기업과 중소기업의 상생론에 대해서 반박한다. 이 대목에서는 룩셈부르크의 논리에도 비약이 있어서 쉽게 납득이 가지 않는 부분도 있다. 그렇지만 그녀의 입장을 한마디로 요약하자면, 대자본에 맞서는 중소기업이 생존할 수 있는 가능성은 매우 희박하며, 중소기업의 탄생과 멸망은 자본주의 자체의 상승과 하락의 주기와 깊숙이 맞물려 있다는 것이다. 대자본의 기업이 투자금을 독점하게 되면 생산의 창조성은 점차 줄어들게 되고, 이것은 필연적으로 중소기업의 몰락으로 이어진다는 것이 룩셈부르크의 결론이다.

3. 노동조합이 노동자의 일상생활을 고양시키고, 임금조건도 개선시킬 것이라는 입장에 대해서도 반대한다. 적어도 룩셈부르크가 보기에 노동조합은 계급 전체를 대변하기보다는 산업별로 분파된 이익에 매몰될 수밖에 없다. 따라서 궁극적으로 노동자 전체에게는 이익이 되지 않는다. 왜냐하면 자본가의 투자와 기술력의 발전은 노동자의 노동조건을 변화시키는데, 여기에 대해 노동조합이 전체 노동자를 대변해서 임금조건이나 노동조건을 협상할 수 없기 때문이다. 따라서 노동조합이 할 수 있는 대상은 임금과 노동시간에 한정될 뿐이다. 즉 생산과정에 대하여는 아무런 영향을 미칠 수가 없다. 이것은 결국 노동자와 소비자의 투쟁으로 싸움의 본질이 왜곡될 뿐이다.

"노동조합이 상품생산의 규모와 가격 결정에 적극적으로 참여한다는 것은 필연적으로 어디로 귀결되는가? 그것은 소비자에 적대적인 노동자와 기업가의 카르텔, 특히 강제적인 조처를 사용하여 경쟁 기업가에 적대적인 노동자와 기업가의 카르텔 형성으로 귀결된다. 요컨대 이것은 더 이상 노동과 자본의 투쟁이 아니라, 소비자 사회에 대해 적대적인 자본과 노동력의 연대투쟁이다."[133]

4. 베른슈타인은 국가의 계급적 성격을 부인하고, 의회정치를 통해서 국가가 노동자를 위한 복지정책을 실천할 것이라고 예상했으나, 룩셈부르크는 이것에 대해서도 적극 반대한다. 룩셈부르크가 보기에 국가는 사회발전과 계급이해가 충돌하는 경우 부르주아의 계급이해를 대변하는 쪽으로 기울기 마련이다. 다시 말해 국가는 그 자체로 계급국가이다. 물론 산업화의 단계에서 복지정책을 실현하거나, 공공정책을 통해서 빈부격차를 줄이는 정책을 펼칠 수도 있으나, 궁극적으로 부르주아의 계급이해를 거슬러 가면서 복지정책을 실천하는 국가는 존재하지 않는다. 즉 국가권력은 기본적으로 부르주아의 이해를 위해 사용되며, 노동자를 위해서 일정 부분 부르주아들이 양보를 할 수 있으나, 치명적인 이해관계가 손

---

133   로자 룩셈부르크, 『사회개혁이냐 혁명이냐』, 40쪽.

상된다고 판단하면, 부르주아는 국가권력을 통해 이러한 노동자의 운동을 근본적으로 차단한다. 이러한 현상이 전형적인 민주주의 국가의 모습이다. 따라서 베른슈타인은 의회정치와 민주주의 개혁이 노동자들이 추구해야 할 사회주의의 목표라고 말했지만, 이것은 부르주아 국가의 계급적 성격을 정확히 이해하지 못한, 인식의 공백에서 나온 오류이다.

"자본주의 국가의 본질 속에 있는 모순은 현대 민주주의에서 더욱 날카롭게 드러난다. 분명 민주주의의 형식은 전체 사회의 이해관계를 국가조직 속에 표현하는 데 기여한다. 그러나 반면에, 그것은 여전히 단지 자본주의 사회, 즉 자본가의 이해관계가 결정적으로 지배하고, 그 이해를 표현하는 사회이다. 따라서 형태에 있어서는 민주주의적인 제도일지라도, 내용에서는 지배계급의 도구이다."[134]

134　로자 룩셈부르크, 『사회개혁이냐 혁명이냐』, 51쪽.

4장 | 바이마르 헌법: 1차적 중도정치

　베른슈타인과 로자 룩셈부르크의 수정주의 논쟁은 외면적으로 후자의 승리로 끝이 났다. 즉 우파의 연합정권에 합류하지 않기로 사민당이 결정했기 때문이다. 그리고 1891년 에르푸르트 강령에도 마르크시즘의 영향력이 강하게 드러나는 문구로 채워졌다. 이것은 분명 1875년의 고타강령에 대한 비판이며, 방향 전환이라고 볼 수도 있다. 그러나 당의 전반적인 분위기는 노동혁명에 대하여 회의를 품고, 노동자의 복지를 향상시키는 쪽으로 기울어졌다. 즉 표 대결에서는 베른슈타인의 노선이 패배했지만, 당의 실질적인 노선에서는 베른슈타인의 이념이 승리를 거둔 것이다.

　예를 들어 에르푸르트 강령 중에는 노동혁명을 강조하면서 사적 소유제도를 폐지한다는 문구가 들어 있는 반면(이것은 분명 로자 룩셈부르크의 영향이다), 누진 소득세, 1일 8시간의 노동보장, 국가 부담의 노동자 보험, 노동자 단결권의 존중과 같이 개량주의적인, 그러나 현실주의적인 요구들도 삽입되어 있다. 당시의 표현을 그대로 옮기면 "이론에서 죽은 라살레가 실천에서는 여전히 살아 있었다." 그리고 1891년 에르푸르트 강령 이후 당의 이론적 대립은 격화되어 1918년에는 결국 사민주의와 공산주의가 분리된다. 이렇게 되어 라살레-베른슈타인의 전통을 이어 온 사민주의 이념은 자유주의자들과 연합하여 바이마르 공화국을 탄생시킨다. 즉 독일의 사민주의자들은, 부르주아 자유주의의 틀 안에서, 노동자계급의 사회적 지위를 향상시키고, 복지를 증진하려는 노선을 관철시킨다.

이러한 흐름은 바이마르 공화국 헌법에서 잘 드러난다. 1919년 발표된 헌법은 혁명을 목표로 했던 급진 좌파의 노선을 포기하고 노동자의 복지를 우선으로 하는 사민주의 정책목표가 잘 반영된 헌법이다. 이러한 맥락에서 필자는 사민당의 집권과 바이마르 헌법의 제정을 독일에서 실현된 '1차적 중도정치'라고 부르고자 한다. 헌법의 내용을 구체적으로 살펴보면서, 중도정치의 내용이 무엇인지 확인해 보자. 우선 5절의 경제생활 부분을 살펴보자.

153조. 소유권은 헌법이 보장한다. 그 내용과 한계는 법률에 의한다. 수용은 단지 공공이익의 복리를 위해 법률에 근거해서만 이루어진다.

155조. 토지의 분배와 이용은 국가가, 그 남용을 방지하고 모든 독일인에게 건강한 주거를 보장하며 모든 독일가정, 특히 자녀가 많은 가정에게 그 수요에 상응하는 거주와 자산을 보장하는 방식으로 감독한다. 주거수용의 충족, 이주 및 개간의 촉진 또는 농업의 발전을 위해 그 취득이 필요한 토지는 수용할 수 있다. 세습재산은 폐지한다. 노동이나 자본을 투여하지 않고 발생한 토지의 가격상승은 전체를 위해 사용하도록 해야 한다.

156조. 라이히는 또한 공동경제의 목적상 긴급한 필요가 있는 경우에 법률에 의해 기업체와 경제조합을 자치 행정에 기초하여 결합함으로써, 생산하는 모든 국민들의 협력을 보장하고 사용자와 노동자를 그 관리에 참여시키며 경제 재화의 생산, 제조, 분배, 소비 가격 및 수출입을 공동경제의 원칙에 따라 규율하는 목표를 추구한다.

157조. 노동은 라이히[135]의 특별한 보호를 받는다.

159조. 노동조건 및 경제조건의 유지와 개선을 위한 결사의 자유는 누구에게나 그리고 모든 직업에 대해 보장된다.

165조. 생산직 및 사무직 노동자는 경영자와의 공동체 속에서 동등한 자격으로 임금과 노동조건을 규율하고 전체 경제에서의 생산력 향상에 함께 기여하는 권한을 갖는다. 양측의 조건과 이들 간의 노동조건에 대한 합의는 존중되어야 한다. 생산직 및 사무직 노동자는 자신의 사회경제적 이익을 실현하기 위한 법률적 대표기구로서 사업장 노동평의회, 경제영역별로 조직된 지역노동자평의회, 그리고 라이히 노동자 평의회를 보유한다. 경제 전체의 임무를 완수하고 사회화를 위한 법률들을 시행하기 위해 지역 노동자 평의회와 라이히 노동자 평의회는

---

135   라이히라는 단어는 국가라는 독일어에 해당하며, 여기서는 바이마르 공화국을 가리킨다.

경영자의 대표기구 및 지역 경제평의회와 라이히 경제평의회에 참가한 그 밖의 국민집단들과 함께 협력한다.

위에서 157조는 바이마르 공화국에서 노동자의 지위를 한마디로 표현해 주고 있다. 이를 기반으로 165조는 노동자들이 자신의 복지와 기업의 경영 활동에 대한 공동결정권을 위임받았다는 것을 분명하게 천명하고 있다. 이를 통해서 사회복지 국가를 위한 헌법적 기초가 마련되었다. 이것은 지나친 경영독점을 막는 것과 함께 노동운동이 과격해지는 것을 예방하기 위한 법 조항이라고 할 수 있다. 그리고 159조를 통해서 노동자의 단결권을 보장해서 실업에 대한 공포를 떨쳐내고, 임금 협상의 권리를 노동자에게 부여했다. 노동자와 경영자의 공동결정권을 기반으로 바이마르 공화국에서는 1일 8시간 노동이라는 성과를 만들어 냈다. 8시간 노동은 바이마르 공화국이 유럽에서 가장 처음으로 실시한 것으로, 라살레가 주장해 온 노동자의 복지를 실현한 전형적인 예이다. 결론적으로 노동자들이 자유주의와 시장주의에서 배제된 계급이 아니라, 더불어 살아가는 존재라는 것을 헌법을 통해 증명했다. 이를 토대로 1927년에는 직업소개와 실업보험에 관한 법률이 마련되고, 국회를 통과해서 국가 차원에서 노동자의 권리를 제도화했다. 한편 이러한 복지정책이 가능하기 위해서는 국가의 성격과 역할이 변화되어야 한다. 아래에서 새롭게 수정된 국가의 위상을 가늠할 수 있는 헌법 조항들을 살펴보도록 하자.

17조. 모든 주는 자유 국가적 헌법을 지녀야 한다. 국민대표는 보통, 평등, 직접, 비밀 선거에 의해 비례대표의 원리에 따라서 모든 라이히 독일의 남녀가 선출해야 한다. 주 정부는 국민대표의 신임을 얻어야 한다.

91조. 라이히 정부는 라이히 상원의 동의를 얻어 철도의 건설, 사업 및 교통에 관한 명령을 제정한다. 라이히 정부는 라이히 상원의 동의를 얻어 이 권한을 관할 라이히 장관에게 위임할 수 있다.

97조. 전체교통에 기여하는 수로를 국유로 하고 이를 관리하는 것은 라이히의 임무이다.

109조. 모든 독일인은 법률 앞에서 평등하다. 남성과 여성은 원칙적으로 동등한 국민으로서의 권리와 의무를 지닌다.

125조. 선거의 자유와 선거의 비밀은 보장된다.

128조. 모든 국민은 법률이 정한 바와 그 자질 및 능력에 상응하여 차별 없이 공직에 취임할 수 있다. 여성 공직자를 차별하는 모든 예외규정은 철폐한다.

바이마르 공화국은 사회적 국가의 위상을 마련했다. 좁은 의미에서 사회국가라는 개념은 노동을 국가의 보호 아래 두고, 제도적인 차원에서 노동자의 복지를 보장하는 것을 의미한다. 한편 넓은 의미에서는 국가가 민주화 절차를 거쳐 사회자본을 관리하고, 선거를 보장하며, 입법과 행정에서 모든 국민을 동등하게 대우한다는 것을 의미한다. 이러한 맥락에서 바이마르 공화국의 국가론은 이전과는 매우 다르다. 그런데 사회적 국가론에 법철학 이론을 마련한 사람이 바로 헤르만 헬러이다. 우선 헬러 이전의 국가론에 대해서 잠시 개관하고, 헬러가 주장하는 새로운 국가관을 살펴보자.[136]

첫째로 군주권 시대를 대표하는 국가론은 슈미트가 완성하였다. 슈미트는 비상사태를 전제로 자신의 국가론을 제시하였는데, 그에 따르면 국가의 생존이 가장 중요한 목표이기 때문에 국가는 법의 효력보다 우위에 있다. 그리고 헌법을 만들 수 있는 기초는 실질적인 정치권력이라고 주장했다. 슈미트에 따르면 근대국가의 정치적 통일체를 위해서 법실증주의와 정치권력이 필요한 것이다.

둘째로 근대 민족국가 시대를 대표하는 국가론은 스멘트가 완성하였다. 그에 따르면 국가는 통합이라는 목표가 중요하며, 이를 위해서 법질서가 필요하다. 그러나 정치권력이 헌법의 기초라는 슈미트의 사상에는 반대했다. 적어도 스멘트에 따르면 정치권력에 기반한 헌법과 국가론은 군주시대에 탄생한 것으로, 근대적 민주국가에는 적용될 수 없다는 것이다. 국민의 의지들이 모여 국가와 헌법을 만든다고 하는 것이 스멘트의 기본 입장이다.

---

136   송석윤, 『위기시대의 헌법학』, 정우사, 2002, 277-283쪽.

셋째로 바이마르 시대를 대표하는 국가론은 헤르만 헬러가 완성하였다. 그에 따르면 국가는 사회의 현실 속에서 활동하는 통일체이다. 즉 국가는 주어진 자연과 문화 속에서 생겨난 인간 의지의 산물이다. 이런 점에서 스멘트가 주장하는 의미체험의 통일체로서 국가개념은 현실성이 부족하다. 국가는 다양한 인간의 활동을 조절하고, 보조하는 역할을 해야 한다. 다시 말해 국가는 여러 가지 행위들의 중심이며 조절자이다. 따라서 국가는 법의 형식성을 넘어서 실질적으로 개인들에게 도움을 줄 수 있는 역할을 해야 한다.

그럼 구체적으로 헤르만 헬러가 생각하는 국가와 바이마르 공화국은 어떤 관계가 있을까? 그가 말년에 쓴 논문「국가, 국민, 사회민주의」[137]는 그의 국가론과 사회민주주의 관계를 잘 보여준다. 여기서는 그는 국가를 추상적으로 이해하려는 마르크스주의자들을 비판하면서, 국가를 두 가지 수준에서 이해해야 한다고 말한다. 첫 번째는 현대국가의 영역에서 국가의 역할이다. 헬러가 보기에 현대사회는 다양한 이해관계를 가진 시민사회 단체가 있고, 이들의 상충하는 이해를 조정하는 것이 국가의 역할이다. 두 번째는 자본주의 내실을 고양시키는 역할을 국가가 담당해야 한다. 자본주의의 모순과 해결책은 모두 입법, 행정, 사법을 통해서 이루어지며,

---

137 헤르만 헬러, 김효전 역,『바이마르 헌법과 정치사상』, 산지니, 2016, 802-813쪽.

노동자의 억압을 해소하는 데에도 이러한 절차들은 여전히 필요하다. 정치란 사회적인 여러 힘들의 요구를 국가의 법으로 전환하는 것이며, 국가란 노동자들을 위한 입법, 행정, 사업의 절차이다. 이러한 맥락에서 사회민주주의는 국가의 역할을 중요하게 생각한다. 즉 국가긍정론자이다. 이것이 바로 마르크스주의자들의 국가관과 차별되는 부분이다.

그리고 마르크스주의자들이 계급을 강조하면서, 국민이란 사라져 버릴 운명이라고 주장한 것에 반대한다. 헬러는 국가와 국민의 특성을 운명공동체라고 정의 내리고, 정신적인 특성을 강조한다. 여기서 헬러는 라살레의 국가관을 언급하면서 국민의 정신 속에서 역사의 진보가 가능하며, 국가는 국민의 행복을 현실적으로 실현하는 기구라고 말한다. 따라서 민주주의, 국가, 국민이 사회민주주의가 추구해야 할 목표이다.

> "민주주의 시대에 특유한 국민의 정치적 의의란, 그것이 국가의 조직원리가 된다는 점에 있다. 봉건적 또는 절대주의적 국가는 왕조적인 관점에 따라서 국민의 문화적 독자성에 대한 많은 배려를 결여한 채 국민을 분할 통치해 왔다. 절대주의가 붕괴한 후에도 세계국가는 존재하지 않으며, 경제적 또는 정치적으로도 가능하지 않다. 세계국가는 오늘날 아직도 존재하지 않는 것이다. 그러므로 국민적 문화공동체의 표현으로서 국가를 구축하는 것이 민주적인 요청이

된다."[138]

138   헤르만 헬러, 『바이마르 헌법과 정치사상』, 809쪽.

5장 | 슈레더의 중도정치: 2차적 중도정치

제2차 세계대전 이후 독일은 이른바 사회적 시장경제를 구축하였다. 이것은 사민당의 이념을 이어받아 사회복지 제도를 보다 공고히 했다는 것을 의미한다. 물론 시장경제의 원리를 기본원리로 인정하고 있었다는 점에서 자본주의 자체를 부정하거나, 급격하게 국유화의 정책을 추진하지는 않았다. 다만 분배를 고려한 성장, 소비에 대한 투자, 고용과 물가안정을 목표로 정부의 적극적인 개입을 수용했다는 점에서 유효수요관리 정책이라고 불러도 좋겠다. 그리고 1952년에는 공장법이 제정되어 노동조합의 정치적 파업을 금지한다. 이것은 노동자의 경제투쟁은 인정하지만, 정치파업은 불법으로 규정한 것으로써, 노동조합의 역할을 축소했다는 뜻이다. 이러한 흐름에 따라서 자본가-노동자 세력을 정부가 중재하거나, 경제파업이 발생하기 전에 임금협상을 주도하는 조합주의 정책이 다시 득세하기 시작한다. 그런데 조합주의라는 것이 노동조합의 간부들과 정부의 관료들 사이에 이루어지는 정책적 타협이라는 점에서, 일반 노동자들의 의견이 표출되거나 토론될 기회는 줄었고, 따라서 순수한 의미에서 노동자 세력은 상당히 축소된 것이라고 보아야 할 것이다.

결국 1959년에 "고데스베르크 강령"이 발표된다. 이 강령은 사회민주당의 노선을 크게 변경시켰다. 이를 통해서 노동자를 위한 정당이라는 이념에서 벗어나 국민 전체를 위한 정당으로 모습을 바뀌게 된다. 그렇다면 왜 이러한 강령의 변화가 필요했을까? 한마디로 이 시기가 되면 계급이나 계층 간의 차이가 줄어들고, 새로운 사회적 변화에 사민당이 적응해야 할 필요가 생겼기 때문이다. 변화의 조짐은 크게 4가지로 요약할 수 있다.[139]

첫째, 다양한 세계관을 인정해야만 했다. 그동안 사민당을 지배했던 이념들은 주로 자본의 착취와 불공정한 지배라는 단어와 관련되어 있었다. 이것은 반자본주의라는 역사의식과 관련된 것들이다. 그런데 이러한 세계관으로는 시대변화에 적응할 수 없다는 문제의식이 생겨났다. 이제 국유화나 공유제를 포기하고, 다양한 이념을 받아들이기로 한 것이다.

둘째, 다양한 사회적 이해관계를 반영하기로 했다. 억압된 계급의 해방과 자본가의 타도라는 혁명적 이념을 벗어나 공동체의 모든 사람들이 동등하게 참여하고 연대함으로써 계급적 불평등이 해소될 수 있다는 생각을 받아들인 것이다. 또 교육을 통해서 계급사회를 해방시키는 통로를 다변화하기로 했다.

셋째, 반독점이나 국유화라는 정책을 포기하고 시장경쟁모델을 수용하기로 했다. 물론 자본주의의 문제점에 눈을 감는 것은 아

---

139 그레빙, 이진일 역, 『독일 노동운동사』, 도서출판 길, 2020, 200-202쪽.

172

니다. 다만 사회적 공유가 절대적 목표였던 시대가 지나고 경쟁과 효율을 사민당이 받아들이기로 한 것이다.

넷째, 국가의 민주화와 정치개혁을 통해서 경제적 변화를 추구한다는 방법을 다시 한번 확인하고자 했다. 경제적 불평등을 시정하기 위해서 경제투쟁만을 일삼는 것이 아니라, 정치적 개혁과 질서를 보존하는 방법으로 삶의 다양한 문제점을 개선하고자 한 것이다.

그리하여 고데스베르크 강령 이후 독일에서 좌파 운동은 다양한 갈래로 뻗어나가는데, 그중에서 가장 영향력이 있었던 정당이 바로 녹색당이다. 좌파 사회주의자, 아나키스트, 환경운동가들이 연합하여 녹색당을 창당했다. 녹색당은 노동운동이 경제적 착취로부터 지속 가능한 발전이라는 개념으로 이행하는 데 큰 영향력을 발휘하였다. 1980년 이후에는 독일에서 제3당으로 성장하여 자본주의 위기에 대한 새로운 대안을 제시하는 역할을 하고 있다.

이처럼 사민당 내에서 다양한 분파가 진행되었지만, 제2차 세계대전 이후부터 1970년대까지는 사민당이 정책을 주도해 왔다. 그런데 1980년대가 되면 이른바 신자유주의 바람이 불기 시작하면서 좌파나 사민주의가 위기를 맞이하고, 영향력이 점차 축소되기 시작한다. 좌파의 위기는 주로 경제적인 문제에서 출발했다. 예를 들어 인플레이션이나 실업 문제가 심각해진 것이다. 전반적으로 사회민주주의는 유효수요를 관리하거나 불평등의 문제를 해결하는 데 집중되었기 때문에, 경제성장을 이끌거나 새로운 투자를 축발할 수 있는 능력이 부족했다. 다시 말해 자본가와 노동자 사이에 조정 역할을 할 수 있었지만, 새로운 시장을 개척하고 산업을 일으키는 사업모델은 아니었다. 더구나 1980년대 이후에 제기되는 글로벌 경제의 문제에는 속수무책이었다. 구체적으로 독일의 사회민주주의는 다음과 같은 문제에 대응해야만 했다.[140]

첫째, 글로벌 금융시장을 통제를 하고 자본으로부터 권력을 되찾기 위해 새로운 형태의 국제적 협력을 발전시키는 것이 필요했다.

둘째, 생산에 있어서 점점 더 중요한 요소가 되는 지식을 많은 사람들에게 확산시키기 위해 교육에 대폭적인 투자가 필요했다.

셋째, 평등을 창출하기 위해 제공된 기회를 더욱 발전시키는 것이 필요했다.

넷째, 환경정책을 성장이나 고용정책과 연계시키는 것이 필요했다. 자연자원에 대한 신중한 이용을 요구하는 환경정책은 자본가들이 사용하는, 점점 증가하는 권력담론을, 제어할 수 있는 중요한 힘으로 발전할 수 있다.

바로 이러한 시대적 상황에서 슈뢰더 총리의 중도정치가 등장

---

140   카르손 린드그렌, 윤도현 역, 『사회민주주의란 무엇인가』, 논형, 2009, 180쪽.

한다. 필자는 이것을 독일에서 '2차적 중도정치'라고 부르려 하는
데, 그 내용을 슈뢰더-블레어의 공동성명을 통해서 밝혀보자. 우선
성명이 발표되었던 시대 배경을 살펴보겠다.

세계화가 지배적인 현상이 되었다. 자본축적은 물론 계급형성
도 국제적인 수준에서 이루어지게 되었다. 물론 자본가 계급도 초
국적 콘체른과 같은 형태로 형성되어 간다. 이러한 판국에서 정부
가 경제정책을 통해서 국내경제를 통제한다는 것은 사실상 불가능
하다. 즉 지금까지 150년 동안 존재해 왔던 사민당은 민족정당에
불과했는데, 이제는 새로운 대안이 필요하다.[141]

여기서 슈뢰더는 사회정의를 새롭게 정의 내린다. 즉 지금까지
사회정의는 균등한 소득을 의미했지만, 이제부터는 책임성, 창조
성, 다양성 등이 중요하다. 더구나 국가가 시장에 개입하는 경우
개인과 집단의 균형이 왜곡된 경우가 허다했다. 이로 인해서 개인
의 성공, 기업가의 정신 등이 사회적 보호라는 명목으로 무시되는
경우가 많았다. 이것은 분명 정의롭지 못하다. 또 성장과 일자리를
보장하기 위해서 경제를 조절하는 역할이 지나치게 강조됨으로써,
부의 창출을 만들어 내는 개인과 기업의 창의성이 과소평가되었
다. 따라서 변화된 현실에 부응하는 새로운 프로그램이 필요하게

---

141 "슈뢰더-블레어 선언: 유럽의 제3의 길, 1999. 6월 8일," 황태연, 『창조적
중도개혁주의』 생각굽기, 2024, 389-406쪽에서 재인용.

되었다. 그 내용을 간략하게 정리해 보자.

1. 세계화 시대에 신생기업이 탄생하고, 기존의 기업이 번영할 수 있는 기반을 조성해야 한다.

2. 현대사회에 가장 중요한 것은 인적자본에 투자하여, 개인과 기업을 미래 지식기반 경제에 적응하도록 만들어야 한다.

3. 미래 세대에 대한 환경적 책임과 사회의 물질적 진보를 조화시켜야 한다. 환경보호에서 가장 현대적인 기술은 자원을 더 적게 소모하고 새로운 시장을 열고 새로운 일자리를 창출한다.

4. 국민소득에 비례한 공적 지출은 한계에 도달했다. 공적 부문은 시민에게 기여해야 한다. 즉 효율성, 경쟁력, 높은 성과를 장려하는 데 주저해서는 안 된다.

5. 사회보장제도는 평균수명, 가족구조, 여성 역할의 변화에 적응할 필요가 있다.

6. 범죄는 현대 사회민주주의자에게 결정적 정치 이슈이다. 거리의 안전을 시민권으로 간주해야 한다.

7. 빈곤은 특히 자녀를 가진 가족에게 여전히 중심적인 관심이다. 주변화와 사회적 배제로 위협받는 자들을 위한 특별조치를 취할 필요가 있다.

8. 1970년대의 적자지출과 고압적인 국가개입과 지난 20년간 팽배했던 신자유주의적 방임을 모두 벗어나야 한다.

9. 유럽은 실업이 높고 대부분은 구조적인 문제이다. 이것을 해

결하기 위해서 새로운 공급 측면의 어젠다를 정식화하고 집
중해야 한다.
10. 과거 사회민주주의자는 기업에 대한 높은 세금을 당연한
    것으로 생각했지만, 오늘날의 사회민주주의자들은 조세개
    혁과 감세가 사회적 목표에 대처하는 데 결정적인 역할을 할
    수 있다는 것을 인정한다.

그렇다면 슈뢰더-블레어의 선언은 어떻게 요약할 수 있는가?

1. 우선 세계화된 자본의 움직임에 대하여 국가의 역할이 수정
   되어야 한다.
2. 사회보장은 시민들의 경제적 부담을 증대하지 않는 범위로
   축소되어야 한다.
3. 사회적 정의란 균등한 분배를 넘어서 새로운 창조성을 포함
   해야 한다.
4. 실업은 적극적인 시장 촉진 정책으로 해결될 수 있다.
5. 새로운 지식기반 산업에 적응한다.
6. 환경문제에 대처해야 한다.

이러한 의미를 담은 슈뢰더의 중도정치가 과연 성공적이었을
까? 독일 안에서, 당내에서, 여러 가지 논쟁이 벌어지고 있으며, 부
정적인 평가가 많다. 그러나 독일의 사민주의는 시대에 변화에 적

응하려고 노력했다. 따라서 그것을 2차적 중도정치로 불러도 무방
할 것이다.

3부
프랑스

POLITICAL
PHILOSOPHY

1장 | 시대적 배경

프랑스에서 중도정치는 1890년대를 전후로 시작되었다. 이 시기에 중도정치가 필요하게 된 가장 큰 이유는 경제적인 문제이다. 다시 말해 계급 갈등이 극명하게 드러났기에, 그 해결이 가장 큰 정치적 과제였다. 물론 이 시기에 교육과 의회주의의 운영에도 문제가 있었다. 즉 경제, 교육, 의회정치가 세3공화국의 핵심과제였다. 그러나 역시 중도정치의 핵심과제는 경제적인 문제를 해결하는 것이었다.[142] 이것이 무슨 의미인지 분명하게 밝히기 위해서 프랑스 공화정의 역사를 간략하게 살펴보도록 하자.[143]

142 특히 이 시기에 프랑스에 전개된 경제적 갈등은 현대 한국사회에 커다란 시사점을 준다. 프랑스의 이념대립과 역사적 상황이 오늘날 한국의 현실과 매우 흡사해 보이기 때문이다. 그리고 프랑스는 시민사회와 정당정치의 관계 속에서 양극화를 극복한 매우 드문 사례이다. 그래서 프랑스 사례를 연구하면서 한국정치의 문제를 해결하는 데 필요한 단초를 찾을 수 있을 것으로 생각한다. 그동안 한국학계에서 중도정치에 대한 사례에 대한 연구는 독일과 영국에 집중되어 왔다. 전자는 노동운동을 연구하는 학자들에 의해서 이루어졌고, 후자는 주로 사회복지학의 분야에서 이루어져 왔다. 따라서 정치학 분야에서 필자가 프랑스의 중도정치에 집중에 연구하는 것이 의미가 있어 보인다.

143 프랑스 공화정의 간략한 역사를 알아보기 위해서 다음 책을 참조했다.

1789년 대혁명 이래 프랑스의 정치 목표는 공화국 완성이었다. 그렇다면 공화국이란 무엇인가? 루소는 공화국을 전체 인민이 평등하고 완전한 자유를 실현하는 체제라고 정의했지만, 현실에서 공화국의 이념을 실현하는 방식은 크게 달랐다. 대혁명 당시 로베스피에르와 시에스는 공화국이란 제3계급의 정치적 의사를 관철시키는 것이라고 생각했다. 이때 제3계급은 신흥부르주아 세력을 지칭하는 것이다. 그렇지만 급진개혁을 추진했던 자코뱅들의 세력은 오래가지 못했다. 그러다가 나폴레옹의 등장으로 황제체제로 복귀하는 반정의 시대를 맞이한다. 그 후 1832년에는 루이 18세가 물러나고, 루이 필립이 통치하는 귀족정치의 시대가 열렸다. 이른바 왕정복고와 반동의 시기를 겪은 것이다.

　　1848년 2월 혁명과 6월 봉기는 다시 한번 공화국의 이념에 대하여 고민하는 계기를 준다. 대표적인 사례가 중간계급과 노동자 계급의 갈등이다. 두 계급은 2월 혁명 때 함께 연합하여 정치적 승리를 쟁취했다. 그러나 얼마 지나지 않아 두 계급은 경제적 문제를 두고 첨예하게 대립한다. 당시 프랑스는 경제적 공황상태에 진입하였고, 이를 극복하기 위해서 국가가 주동하는 국립작업장(Atelier nationaux)을 운영한다. 오늘날의 의미에서 국가 주도의 노동정책이

앙드레 모루아, 신용석 역, 『프랑스사』, 김영사, 2023. 특히 4장-6장을 참조했다.

었다. 그런데 국립작업장은 재정적으로 국가에 큰 부담을 주었고, 중산층과 부르주아 계급은 이에 반대한다. 왜냐하면 세금을 거두고 이를 근거로 임금을 지불하는 구조였기에 국립작업은 중산층이나 부르주아에게 세금을 부담을 가중시키는 반면, 혜택은 노동 계층이 받았기 때문이다. 그래서 1848년 6월 초 국립작업장을 폐쇄하기로 결정한다.

이때부터 중산층과 노동사층의 연합은 깨진다. 노동자들은 6월 23일부터 26일까지 바리케이드를 설치하고, 노동자의 권리를 주장하며 정부의 조치에 강력하게 항의한다. 이때 노동자 봉기를 진압하기 위해서 투입된 카베냑 장군은 대규모 병력을 동원했고, 이 과정에서 약 3천 명 정도의 노동자들이 사망하고 수천 명이 체포되었다. 이것이 바로 "피의 일요일 사건"이다.

한편 마르크스의 공산당 선언이 발표된 시기가 바로 1848년 6월 폭동 이후이다.[144] 즉 1848년 2월 혁명을 함께 성공시켰던 공화주의와 노동자주의는 서로 다른 정치이념으로 대립하게 된 것이다. 그리고 이때부터 프랑스 사회에서는 소위 노동할 수 있는 권리, 즉 노동권을 공화정의 새로운 목표로 설정하게 된다. 이렇게

---

144 마르크스는 「프랑스에서의 계급투쟁」이라는 정치평론에서도 공화주의자들의 이중적 태도를 비판하면서, 새로운 시대는 노동자들이 중심이 되는 사회주의 정치만이 해답이라고 주장하게 된다.

두고 본다면 소유권과 노동권의 대립[145]이 1848년 6월의 봉기의 핵심적인 쟁점이었다. 따라서 이제부터 공화정의 목표는 정치적 자유를 넘어서 경제적 자유를 실현하는 것으로 바뀐다. 나아가 이것은 개혁의 주체가 부르주아가 아니라, 노동자가 되어야 한다는 혁명적 발상을 포함하는 것이었다.

> "1848년 혁명의 중요한 사상가들의 변천을 따라가 보는 것으로 충분할 것이다. (…) 그들이 꿈꾸던 공화국은 명백하든 잠재적인 적에게는 더 엄격하고, 진정한 친구에게는 더 우정어린 것이었다. (…) 중심문제는 노동권의 문제이며, 이 노동의 권리가 형식적으로 공화국을 지지하면서도 여기에 반대하는 이들에 대항하여 불가피하게 공화국에 부여하게 되는 사회주의적 내용의 문제이다. (…) 6월의 탄압을 인가하지 않은 당원들을 지칭하기 위해서 빨갱이(ROUGE)라는 명칭을 쓰면서 나타났다."[146]

한편 1851년 대통령 선거는 노동자가 정치적 주체로 인정받을 수 있는가를 결정하는 대단히 중요한 계기였다. 당시 좌파에서는

---

145 소유권과 노동권의 대립이라는 단어는 다음의 책에서 인용한 것이다. 자크 동즐로, 주형일 역, 『사회보장의 발명』, 동문선, 2005, 1장.

146 자크 동즐로, 『사회보장의 발명』, 40-41쪽.

브랑(L, Blanc), 우파에서는 라마르틴(A. Lamartine)이 입후보했고, 루이 브랑의 당선 가능성이 높았다. 만일 루이 브랑이 당선되었다면 노동자들의 정치적 신분은 격상하게 되었을 것이다. 그러나 선거 막판에 갑작스럽게 등장한 루이 보나파르트는 나폴레옹의 조카라는 명분으로 농민들로부터 대대적인 지지를 얻었고, 결국 74% 득표로 대통령에 당선되었다. 그렇지만 이것은 분명 공화정이 아니었다. 오히려 이것은 포퓰리즘의 시작이며, 새로운 반동 정치에 불과했다. 결국 보나파르트는 이듬해 황제에 스스로 등극하여 새로운 제정의 시대를 연다. 그리고 1870년 비스마르크가 침공하기 전까지 그는 18년의 독재를 지속한다.

루이 보나파르트의 쿠데타는 공화정의 성격을 두고 첨예하게 대립하던 두 세력(공화주의와 사회주의 또는 보수와 진보)의 다툼을 18년 동안 유보해 둔다. 루이 보나파르트의 독재는 상황을 그렇게 만들어 버렸던 것이다. 그러다가 1870년 독일의 비스마르크가 파리를 침공하고 보나파르트가 실각하면서, 오랫동안 묻어 두었던 질문이 다시 세상 밖으로 고개를 들기 시작했다. 그러나 두 세력의 다툼은 더 이상 논쟁이나 선거로 해결될 문제가 아니었다. 이후 프랑스 사회는 엄청난 사회적 혼란에 빠지게 된다. 1870년대부터 1890년대까지 20년간 프랑스 3공화정은 극단적으로 대립하는 양극화 시기를 경험한다. 이 시기에 정치적 양극을 주도하는 진영은 다음과 같다.

첫째는 보수주의자들이다. 이들은 프랑스가 봉건체제로 돌아가야 한다고 주장한 집단이다. 주로 가톨릭교회와 군대 그리고 관료집단들이 여기에 해당한다. 이들은 권위적이고 반의회적인 엘리트주의자들이었으며, 왕정을 복귀시키는 것만이 사회적 혼란을 해결할 수 있는 유일한 방법이라고 생각했다. 이들은 특히 반유대적인 성향을 강하게 드러냈다. 둘째는 진보진영으로서 노동자계급을 중심으로 하는 사회주의 혁명을 지향하는 그룹이다. 이들은 부르주아 의회정치를 비판하고 노동자 사회를 건설하는 것이 유일한 목표라고 생각했다. 양쪽 세력은 정치적 술수와 음모로 프랑스 사회 전체를 혼란으로 몰아갔고, 그 대결은 새로운 정치이념이 출현하지 않는다면 해결되기 어려운 상황이었다. 그 대표적인 사건이 바로 드레퓌스 간첩 조작사건이다.

알프레드 드레퓌스는 유대인 출신의 프랑스 육군 대위였는데, 독일제국에 군사비밀을 유출했다는 혐의로 체포되어 재판에 회부된다. 사실 그의 간첩 혐의 증거는 충분하지 않았고, 후일 진범이 잡혔다. 그렇지만 드레퓌스의 유죄판결은 번복되지 않았고, 결국 기니 섬에 유배된다. 이러한 상황이 가능했던 이유는 반유대주의 분위기와 노동자 세력을 궤멸시켜야 한다는 공포 분위기가 사회여론을 조작할 수 있었기 때문이다. 이때 작가 에밀 졸라가 나서서 "나는 고발한다"라는 공개서한을 발표하면서 드레퓌스의 무죄를 주장하고 사법부와 군부의 부패를 폭로한다.

이러한 사회적 분위기에서 등장한 것이 바로 뒤르카임과 그를 따르던 지식인 그룹이다. 뒤르카임과 그를 추종하는 그룹들은 소위 "새로운 공화주의파"로 불린다. 그들의 목표는 왕정복고를 꿈꾸는 보수주의와 사회주의 혁명을 꿈꾸는 노동자 세력을 모두 거부하고 새로운 대안을 찾는 것이었다. 뒤르카임 학파는 정치개혁을 통해서 프랑스 대혁명의 가치를 실현할 수 있으며, 새로운 공화정의 목표를 달성할 수 있다고 믿었다. 따라서 관료주의나 교권에 반대했고, 동시에 노동자의 사회주의 혁명에도 찬성하지 않았다. 오로지 계획된 정치-사회개혁을 통해서만 당대의 사회적 위기를 극복하려 했다. 이때 출현한 새로운 정치사상이 바로 연대주의이다.

연대주의 사상은 당대의 경제문제를 해결하기 위해 뒤르카임이 고안한 새로운 대안이었다. 자유주의 사상이 개인이 소유권을 강조하고, 사회주의 사상이 개인의 노동권을 강조했다면, 뒤르카임은 두 가지 문제를 균형 있게 조화하기 위해서 직업집단의 역할을 강조한다. 이것은 독일의 사회민주주의가 노동조합을 강조한 것과 맥락이 조금 다르다. 또 뒤르카임의 대안은 자유주의 기독교 사회운동과도 차이가 있다. 뒤르카임 이전에 프랑에는 사회경제학이라는 흐름이 있었다.[147] 이 학파에서는 산업사회의 경제문제로 사유재산의 문제, 계급의 문제, 노사관계의 문제 등을 해결하기 위해서 개인적 자비나 도덕적 책임을 강조한 바 있다. 또 기독교 정신

---

147   민문홍, "프랑스의 사회주의와 사회경제학," 『사회과학과 도덕과학』, 민
        영사, 1994.

을 바탕으로 온정주의[148]를 확대해야 한다고 제안하기도 했다. 그러나 뒤르카임은 산업사회의 노사갈등은 실증과학에 입각하여 분석해야 하며, 기독교 정신도 경제체제에 맞도록 객관적인 경제구조를 염두에 두어야 한다고 주장하면서, 양자 모두를 비판했다.

한편 뒤르카임의 학문적 사상을 현실정치에서 실현한 정치가가 바로 레옹 부르주아이다. 레옹 부르주아는 자신의 연설문과 정책 제안을 담은 글들을 모아 『연대주의』[149]라는 책을 출판하여, 최초로 연대주의 창시자라는 호칭을 부여받은 인물이다. 그리고 레옹 부르주아는 "사회적 부채"라는 개념을 제안하여 국가가 사회문제에 개입해야 할 필요성을 역설한 바 있다. 그는 1901년 "중도파 정당(급진당)"을 만들었고, 이를 기반으로 대통령에 당선되어 프랑스에서 복지국가의 시대를 열었다.

또 레옹 뒤기라는 법철학자는 공역무(le service public)라는 개념을 도입하여 국가가 개인의 피해를 보상해야 하는 이유와 절차를 설명했고, 이를 근거로 복지국가의 공적 서비스의 범위를 자세히 규

---

148 온정주의(paternalisme)란 공장주와 같은 부자들이 노동자들이 당하고 있는 경제 현실을 완화시키기 위해서 더 많은 세금부담을 감당하면서 경제적 양극화를 해결해야 한다는 입장이다. 종교적 자선과 유사한 개념이라고 할 수 있다.

149 Leon Bourgois, *solidarite*, 1912, Septnetiro.

정하였다. 이 세 사람이 바로 20세기 초반 프랑스를 복지국가로 이끌었던 사상의 원천이다. 요약하자면 1890년대 전개된 프랑스의 정치적 양극화는 연대주의라는 사상과 복지국가의 완성이라는 제도적 틀을 통해서 해결되었다.

그러나 1980년대가 되면 복지국가의 위기가 찾아오고, 이를 두고 다시 보수와 진보가 대립하는 새로운 양극화의 정치가 등장한다. 이것을 해결하고 있는 사람이 인물이 바로 마크롱 대통령이다. 따라서 필자는 우선 뒤르카임의 연대주의 사상과 레옹 부르주아의 급진당 창당, 그리고 레옹 뒤기의 공공복지 서비스 개념에 대해 살펴보려고 한다. 그리고 나서 1980년대 이후 프랑스에서 등장한 정치적 양극화의 실태를 정리한 후, 이 문제를 해결하기 위해서 대통령이 된 마크롱이 어떤 일을 했으며, 그 의미가 무엇인지를 탐색해 보려 한다. 이러한 프랑스의 사례를 정리하면서, 한국사회의 양극화를 해결하려는 현실적 목표의 해답을 찾아보자.

2장 | 뒤르카임

뒤르카임은 자유주의와 사회주의를 모두 비판하면서 자신의 연대주의 사상을 발전시켰다. 우선 뒤르카임은 전통사회(기계적 연대사회)에서 산업사회(유기적 연대사회)로 진입하는 사회변동과정에서 개인의 규범과 사회조직이 제대로 조응하지 못했기 때문에, 사회적 혼란이 발생한다고 진단한다. 이것을 아노미라고 부른다. 쉽게 말해 아노미란 개인 가치관의 혼란이다. 그렇지만 이것은 개인의 심리적 부적응 상태를 의미하지 않는다.『사회분업론』3권에서 잘 보여주듯이 아노미는 분업에서 유래하기 때문이다. 그렇다면 분업이란 무엇인가? 분업이 어떻게 아노미를 발생시키는 것일까?

분업의 비정상적인 상태는 크게 세 가지 측면에서 유래하는데[150] 첫 번째 사례는 산업적-상업적 위기나 파산에 의해서 제공된다. 이것이 유기적 연대를 붕괴시킨다.[151] 뒤르카임은 이것을 아노미적 분업이라고 불렀다. 노사 간의 대립이 전형적인 사례이다. 두 번째는 강요된 분업인데, 이것은 주로 노동의 분배와 관련된다. 전통사회에서는 신분질서에 따라 노동이 분배되는 비합리적 행태를 의미했다면, 산업사회에서는 계급투쟁의 결과 빚어지는 불평등한 노사

---

150 뒤르켐, 민문홍 역,『사회분업론』, 아카넷, 2015, 525-586쪽.
151 뒤르켐,『사회분업론』, 527쪽.

관계를 의미한다. 특히 하층계급이 상층계급의 삶을 열망함으로써 노동자의 주권의식이 사라지고, 규범체계가 무너지게 되면서, 가치관의 혼란을 초래한다. 최근 한국사회에서 등장하는 금수저-흙수저라는 표상들이 여기에 해당한다. 세 번째는 기능 분할이 효율적이지 못해 노동자들이 작업 현실과 행정법 체계가 서로 어울리지 못하는 경우이다. 어떤 경제체제이든 산업조직의 다양한 기능을 조절하는 방식이 존재하는바, 산업현장의 요구와 정부의 행정규제가 서로 충돌하게 되면 사회질서가 무너지게 되는 것이다.

이렇게 두고 보면 사회통합이 무너지고 정치적 양극화가 생기는 원인은 사회변동에 적응하지 못한 노동체계와 관련이 있으며, 이것은 개인의 규범 체계와 깊숙이 맞물려 있다. 그런데 이런 시대적 상황에 기존의 정치이념들은 제대로 대처하지 못하고 있다. 즉 자유주의와 사회주의가 당대의 정치이념의 토대이고 이러한 이념을 바탕으로 한 보수주의와 진보주의라는 대립이 현실정치의 양극화 현상이지만, 정작 이 두 가지 이념으로는 당대의 아노미적 상황을 극복할 수 없었다. 그래서 연대주의라는 새로운 사상이 필요했던 것이다. 그렇다면 자유주의와 사회주의 한계는 무엇이고, 새로운 대안으로 연대주의는 무엇인가?

뒤르카임에 따르면 자유주의는 개인적 이해관계만을 추구하는 자유방임의 태도이다. 이것은 영미식 발전모델에 대한 비판이기도 했다. 특히 그는 자유주의 정치사상의 계약사상을 비판한다. 로크나 루소식 계약론에 따르면, 계약이란 자신의 이해관계를 기반으로 하는 공리주의적 사고의 전형이다. 즉 소유권과 생존권을 확보하기 위해서 자연상태를 벗어나려고 했으며, 계약을 통해서 얻어진 것은 국가기구를 통해서 확보된 안전장치에 불과하다. 그런데 계약이 성립되고 난 후에는 어떻게 되나? 계약을 유지하기 위해서는 어떤 장치가 필요한가? 또 사회가 변화함에 따라서 새로운 계약을 체결해야 할 필요성은 없을까?

"현대사회에서 사회분업의 비중이 클수록, 우리는 루소의 입장을 더 철저히 부정할 필요가 있다. 그 이유는 '자연상태'에서 '사회상태'로 전환되는 특정 계약이 가능하기 위해서는, 어느 순간 모든 개인들이 사회조직의 공통 기반에 관해 서로 공통적 이해를 가져야 하기 때문이다. (…) 우리는 사회계약을 다음과 같이 다시 정의했다. 바로 사회구성원으로서 각 개인이 어른이 된 다음에 그가 태어난 사회에 다시 가입하는 것이다. 이 경우 그는 이것만으로 자신의 사회에서 지속적으로 살아갈 수 있다. 여기서 우리는 강제에 의해 결정되지 않은 인간의 모든 행동을 계약적이라고 불러야 할 것이다."[152]

산업사회에서 계약이나 법률로부터 시작되는 최소한의 사회

---

152   뒤르켐, 『사회분업론』, 299-301쪽.

적 합의를 소극적 연대라고 한다면, 자유주의가 강조했던 계약론은 바로 소극적 연대의 수준에 머물러 있는 것이다. 매우 불안정한 기초이다. 이것만으로는 사회가 질서를 유지하고 통합을 실현할 수 없다. 더구나 소유권을 주장하는 자유주의는 이기적 개인주의를 전제하고 있고, 이것은 빈부의 양극화를 초래하고 말았다. 결국 자유주의는 이기적인 부르주아의 정치철학에 불과하다. 물론 자유주의가 사회적 양극화를 해결하기 위해서 노력했던 것은 사실이다. 그렇지만 자유주의 해결책은 종교적 자선을 베푸는 정도였고, 이것은 가진 자의 생색내기 정도에 불과했다. 이것이 자유주의를 비판하는 뒤르카임의 기본적 입장이다.

따라서 발상의 전환이 필요하다. 계약이나 법체계가 작동하도록 만드는 더욱 중요한 기초가 필요하다는 점을 깨달아야 한다. 그것은 바로 분업사회에서 형성되는 상호 간의 인정, 애정, 존중이라는 감정들이다. 산업사회가 겉으로는 물질적인 사회이며, 익명성의 사회로 보인다. 그러나 엄격한 형식성(계약과 법)에 기반하여 작동하는 사회에서도 운영의 효율성에 기초가 되는 것은 인간의 감정 상태이다. 즉 현대사회가 제대로 작동하기 위해서는 인간의 상호이해와 존중이 바탕이 되어야 한다. 이것이 결국 연대주의를 구성하는 기본 바탕이다. 사실 인간이 상호 권리를 인정하고 보장하기 위해서는, 모두가 동일한 사회에 살고 있다는 공동의식이 필요하다는 것은 너무도 당연하다. 즉 사회적 감정이 물질적 권리의 영역에 반영되어야만 한다.

"맹목적인 휴전은 일시적인 권태만큼도 오래가지 못한다. 힘의 승리에만 의존해서 내리는 결론의 경우는 더욱 그러하다. 인간은 이미 사회적인 어떤 유대에 의해서 결합되어져 있을 때에만 평화의 욕구를 갖게 된다. 그 경우에 그들을 서로 끌어당기는 감정은 자연스럽게 이기주의적 충동을 약화시킨다. 그리고 다른 관점에서 보면 매 순간마다 그 갈등으로 들끓는 조건에서는 생존할 수 없으므로, 개인들이 필요한 양보를 하도록 강요하고 의무화한다."[153] (강조는 필자)

"타협점은 당시 존재하고 있는 이해관계 사이의 경쟁과 그 연대의식 사이의 중간지점에 있다. 이것은 어느 정도 세밀한 탐색을 통해서만 발견될 수 있는 균형적 위치이다. (…) 즉 그 균형점은 우리가 개인적으로 예측할 수 없는 것들을 미리 내다보고, 개인적으로 조정할 수 없는 것들을 조정해 주며, 비록 그것이 우리의 작품이 아니고 사회와 전통의 작품이라 할지라도, 사회적 규제의 형태로 우리에게 강요된다. 이와 같은 규제는 정확히 우리가 계약하지 않은 의무들이지만 우리의 행위를 제약한다."[154] (강조는 필자)

---

153 뒤르켐, 『사회분업론』, 181쪽.
154 뒤르켐, 『사회분업론』, 318쪽.

이것을 뒤르카임은 **계약의 비계약적 요소**라고 불렀다. 계약이 발생하는 것은 개인들의 선택이지만, 그 계약이 유지되고 사회의 필요에 따라 변용되는 것은 개인들의 계산적 사고가 아니다. 개인들이 속한 사회의 집단표상이 하나의 도덕 규범처럼 작동해야 한다. 왜냐하면 개인은 사회에 대해서 일정한 소속감을 가지고 있으며, 타인에 대한 지속적인 관계를 유지하지 않는다면 생존할 수 없기 때문이다. 개인이 아노미로부터 벗어나 정당한 가치를 인정받는다는 말은 결국 사회 전체의 일부분으로서 개인의 특정한 기능을 인정받는다는 뜻이다. 이것이 현대사회의 도덕의 기초이다. 즉 과거에는 가족이나 종교가 도덕의 기반이었다면, 산업사회에서는 분업적 도덕에 뿌리를 두고 있는데, 이것이 전체 사회 구성원에게 공통 규범체계로 인정받고 작동해야 한다. 그렇지만 현대사회의 도덕은 개인의 자율성에 근거한다는 점에서 과거와 다르다. 그리고 획일적 실천 관행이 아니라, 서로 다른 직업활동에 조응하는 수많은 형식들로 등장한다.

따라서 뒤르카임이 강조하는 도적적 개인주의는 일종의 정신훈련이다. 그래서 교육개혁이 필요하다. 이것은 자유주의가 강조하는 경쟁적 개인주의나 사회주의가 강조하는 평등한 권리의식과 다르다. 산업사회가 개인에게 요구하는 도덕은 개인이 왜 집단에 헌신해야 하고, 그러한 애착과 충성심이 어떻게 사회를 발전시키며, 궁극적으로는 나의 발전과 연관되어 있는가를 확실하게 인지하는 것으로 출발한다. 따라서 도덕적 개인주의는 현대사회의 각성된 계몽의식이다. 오늘날의 용어로 표현하자면 깨어 있는 시민의식이라고 하겠다. 따라서 초등교육부터 어린아이에게 인격의 존엄성과 사회정의 필요성, 산업사회의 윤리의식, 자유로운 비판 정신을 가르쳐야 한다. 바로 이러한 이유로 인해서, 뒤르카임은 말년에 소르본 대학에서 교육학 강의를 개설하고 현대사회에서 교육의 중요성을 강조하는 강의를 수년간 이어간 바 있다.[155]

　　한편 사회주의 사상에 대해서는 노동자의 집산주의를 통해서 사회를 운영하는 방식이 권위적인 독재로 흘러갈 위험이 있다고 비판했다. 또 사회주의는 개인의 창의성을 무시하는 경향을 가진다. 개인을 집단에 흡수하고, 부분을 전체에 흡수하는 특별한 사회적 연대의 필연적 산물에 불과하다.[156] 사회주의는 본질적으로 경제의 집적 및 집중 과정이다. 그리고 사회주의는 노동자를 사회조직의 중심으로 끌어들인다.[157] 이렇게 두고 보면 경제운영이라는 관점에서 사회주의는 자유주의와 크게 다르지 않다. 전자가 노동

155　그리고 뒤르켐은 강의 내용을 책으로 출판하였다. 뒤르켐, 박찬영 역, 『교육과 사회학』, 지식을 만드는 지식, 2022. 한편 뒤르카임의 교육학에 대해서는 네이버/오디오클립/홍성민 교수의 열린생각/ 16강(뒤르카임의 성스러움)을 참조.

156　뒤르켐, 『사회분업론』, 267쪽.

157　뒤르켐, 정헌주 역, 『사회주의론』, 간디서원, 2023, 88쪽.

자 중심의 운영이라면, 후자는 개인이나 기업을 중심으로 한 운영 체계이기 때문이다.[158]

> "우리는 현재 여기저기 분산되어 있는 모든 또는 일부 경제기능을 지시, 감독하는 중앙의 사회기관에 연계시킬 것을 요구하는 모든 학설을 사회주의라고 칭한다. 그것을 종속이 아닌 연계라고 말하도록 유의하는 것이 중요하다."[159]

여기서부터 노동조합을 대신하는 직업집단이론에 대한 뒤르카임의 정치이론이 시작된다. 뒤르카임은『사회분업론』2판 서문에서 이례적으로 길게 직업집단의 역사에 대해서 서술하고 있다. 왜 그랬을까?『사회분업론』이 처음 발표되자 당시의 프랑스 학계는 그의 저술에 대해 찬사를 보냈지만, 사회주의 성향의 지식인들은 여전히 부르주아 학문의 아류에 불과하다고 혹평을 내놓았다. 적어도 사회혁명을 대신할 수 있는 구체적인 개혁 프로그램이 없다는 것이었다. 그런 비판을 의식해서일까? 뒤르카임은 직업집단에 대한 논의를 2판 서문에서 상세히 설명하고 있고, 이것은 훗날『직

---

158   뒤르켐,『사회주의론』, 18쪽.

159   뒤르켐,『사회주의론』, 36쪽.

업윤리와 시민도덕』¹⁶⁰으로 발전된다.

그렇다면 직업집단이 사회주의 노동운동과 다른 점은 무엇인가? 뒤르카임이 보기에 노동조합운동은 노동자들의 특수한 이익을 보장받기 위한 운동에 불과하다. 이런 맥락에서 자유주의의 계약론적 사고와 사회주의의 노동조합운동은 동전의 앞뒷면과 같다. 둘 다 자신의 이익만을 충족시키려는 이기적 발상에 근거하고 있다는 것이다. 그런데 산업사회에서 필요한 것은 이해관계의 대립을 해소하고 노사 간 대립을 극복할 수 있는 방도를 찾는 것이다. 사회주의 노동운동도 역시 비계약적 요소를 알지 못하고 있다. 반면 직업집단 운동에는 개인들의 이기심을 억제하고 노동자들의 마음속에 공동연대 의식을 심어 줄 수 있는 계기가 있다. 어떻게 그럴 수 있을까?

뒤르카임은 직업집단이 일종의 대가족 집단이었으며, 이 안에서 사람들은 일종의 공동체에 소속된 안정감을 찾을 수 있었다고 설명한다. 이러한 기능이 현대 산업사회에서 다시 복원된다면 노동자들의 연대의식은 가능하다고 판단한 것이다.

그 내용을 좀 더 깊이 알아보자. 직업집단은 중세에서 시작된 장인 길드에서 유래한다. 그리고 중세의 장인길드는 종교적 단체였

---

160   뒤르켐, 권기돈 역,『직업윤리와 시민도덕』, 새물결, 1998.

다. 각각의 직업 길드는 특별한 신을 숭배했고, 여기에는 예배의식도 존재했다. 그리고 이러한 예배의식은 하나의 축제와도 같은 것이었다. 나아가 식사와 돈을 분배하는 방식도 길드 조직이 결정했다. 이로부터 길드조직은 생활이 어려운 구성원을 돕는 기능을 수행한 경우도 있다. 이러한 기능 덕분에 주인과 하인의 관계도 신뢰나 믿음의 도덕적 감정을 기반으로 형성되었고, 따라서 주인의 변덕에 따라서 하인을 마음대로 해고하는 경우는 매우 드물었다. 이런 방식으로 특수한 이해를 일반이해에 종속시키는 것이 가능하게 된 것이다. 이것이 공통의 도덕적 삶을 살 수 있는 유일한 길이다.

뒤르카임에 따르면, 산업사회로 진입하면서 중세의 장인 조직은 사라졌지만, 그 정신을 계승하는 것이 필요하다. 특히 현대사회에서는 새로운 장르의 직업집단이 생겨났는데, 그 형태가 바로 2차 집단이다. 이들 간의 공동체 유대를 어떻게 조직하는가에 따라 산업사회의 병리적 문제를 해결할 수 있게 된다. 즉 2차 집단이 정치적 조직의 기초가 되어야 한다. 이때 2차 집단이란 직업집단을 의미한다. 예를 들어 다양한 형태의 소규모 동업조합들을 의미한다. 이들이 경제생활에 기반이 되어야 하며, 정치조직의 기초가 되어야 한다.[161]

---

161   뒤르켐, 『사회분업론』, 53쪽.

직업집단의 기능은 현대사회에서 정치사회를 구성하는 데 결정적인 역할을 한다. 정치사회는 직업집단 즉, 2차 집단의 존재 유무에 따라 결정되는 것이다. 그리고 3차 집단의 의견들이 수렴되어 하나의 국가조직을 이루게 된다. 뒤르카임은 관료집단을 국가라는 개념과 동의어로 사용하기도 하는데, 그 이유는 다음과 같다. 즉 국가란 직능과 그 권위의 대행자를 의미하며, 산업사회에서 직업조직의 대표들이 국가의 관료로 편입되는 것이 가장 바람직한 민주정치 형태라고 생각하기 때문이다. 왜냐하면 국가란 직업적 이해관계를 서로 조율하고, 서로 직능단체들의 가치관을 포괄하면서, 하나의 집단표상을 만들어 낼 수 있도록 방향을 조정하는 조직이기 때문이다.

"국가는 단순히 방향을 잡고 집중시키는 수단이 아니다. 국가는 어떤 의미에서 이차적 집단 자체를 조직하는 중심이다. (…) 그것은 고유한 의미에서 관료집단으로, 이 안에서 집합체를 감싸는 표상과 의지행동으로 이루어진다. 비록 표상과 의지행동이 집합체의 산물은 아니라 해도 말이다. (…) 국가는 특수한 종류의 제한적인 의식의 중심일 뿐이지만, 또한 더 고차적이고 더 명확한 의식, 더 많은 생동감을 가지고 있는 의식의 중심이기도 하다."[162]

---

162 뒤르켐, 『직업윤리와 시민도덕』, 108-109쪽.

결국 뒤르카임이 제시한 방법은 중도정치의 방향이다. 이러한 모델은 개인의 창의성을 존중하면서도 사회 전체의 이해관계를 실현시킬 수 있는 발전모델이다. 그리고 이러한 모델의 밑바닥에는 유기적 연대의 개념이 존재한다. 이렇게 보면 현대사회에서 정치-경제적 갈등을 해결하고 사회통합을 이루기 위해서는 상호존중과 애정과 같은 감정적 유인이 중요하다. 여기에 국가는 집단표상을 조정하고 개인들을 도덕적 주체로 만들어 낼 수 있는 감정국가의 역할을 해내야 한다. 또 특수이익을 일반이익이라는 공공성으로 전환시킬 수 있는 사회조직이 필요하다. 그것이 직업집단이다. 특히 직업집단 내의 민주적 의사결정과정이 국가의 관료체제를 형성하는 기초가 된다. 그리하여 국가는 다양한 의견들을 수렴하고, 국민이 원하는 정책들을 만들어 내는 지식국가의 역할을 해내야 한다. 지금까지 설명한 뒤르카임의 연대주의 사상을 그림으로 표현하면 아래와 같다.

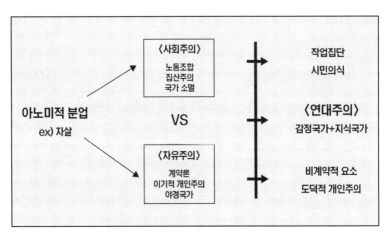

3장 | 레옹 뒤기

뒤르카임의 영향을 받아 국가의 공적 의무를 강조한 법학자가 레옹 뒤기(L. Duguit)이다. 그는 국가의 존재근거를 공역무(le service public)라는 개념에서 찾았다. 즉, 국가의 존재 의미는 사회적 연대를 강화시킬 수 있는 정책을 실시하는 것이라고 강조한다. 이러한 관점은 사회철학의 범위에 머물고 있던 뒤르카임의 국가론을 법학과 행정법의 영역으로 확장시킨 것이다. 그런 의미에서 레옹 뒤기의 법사상은 20세기 복지국가의 법률적 기초를 제공했다고 평가할 만하다. 법학에서는 사법/공법을 구분하는 경우가 있는데, 공법의 사상적 근거가 레옹 뒤기로부터 출발한다. 즉 레옹 뒤기를 기점으로 국가의 공공의무가 강조되고, 국가의 월권행위에 대한 소송이 인정되었으며, 사회적 복지를 위한 행정법의 시행령들이 만들어질 수 있게 되었다. 이러한 맥락에서 뒤기의 국가이론과 공역무의 개념은 자유주의와 사회주의를 넘어서 새로운 국가의 기능을 새롭게 조망하는 데 대단히 유용한 지적 자원이라 하겠다.

우선 한국어 번역본을 기초로 레옹 뒤기의 국가론에 대해서 간략하게 살펴보기로 하자. 그의 책 중에서『일반 공법학 강의』[163]가

---

163   레옹 뒤기, 이광윤 역,『일반 공법학 강의』, 민음사, 1999. 이 책은 강연록에 해당하는 것으로, 레옹 뒤기의 주요 저작은 아니다. 그의 대표적인 저

유용하다. 여기서 그의 국가론은 자유주의 정치론을 비판하면서 출발하는데, 특히 루소의 사회계약론을 강력하게 반박한다. 그가 비판하는 자유주의 국가이론의 요체는 주권이론이다. 주권이론은 프랑스 대혁명에서부터 시작되었는데, 이것은 개인들과 구별되는 새로운 개체로서 국가의 인격이 존재한다는 것을 의미한다.

말이 조금 어렵게 들리는 것 같으니, 잠시 이 문제를 쉽게 설명해 보자. 주권이란 국민도, 군수도 아닌, 국가만이 주권의 향유자가 된다. 그러니까 추상적인 법인격으로서 국가라는 단위가 새롭게 탄생한 것이다. 이러한 맥락에서 국가는 국민의 의사를 대변하면서, 동시에 국민의 의사를 통치할 수 있는 법적 권한을 가지게 된다. 1789년의 인권선언과 1848년의 프랑스 헌법이 이러한 국민주권의 개념에 근거하여 만들어졌다. 즉 국가는 인격으로서 존재하며, 그러한 사실에 의하여 국가는 자신이 주권자의 향유자라고 공언한다.[164]

그런데 도대체 국민을 넘어서는 새로운 법인격이라는 말이 무

작들은 한국말로 번역되지 못한 형편이다. 이 책을 번역한 역자가 해제에서 지적한 대로, 한국대학의 미국편향이 심각한 문제이다. 법학뿐만 아니라 인문사회과학 분야의 중요한 저작 중에서 프랑스어로 된 책이 제대로 소개되지 않는 것이 한국학계의 심각한 문제이다.

164   레옹 뒤기, 『일반 공법학 강의』, 105쪽.

슨 뜻인가? 국민의 의사가 모여 국가라는 실체를 만들었는데, 여기에 국민이 통치당한다는 것은 모순 아닌가? 이러한 모순이 바로 자유주의 정치사상의 자가당착이다. 역사적으로 볼 때 처음에 주권을 가진 사람은 국왕이었다. 다음에는 인민, 그 이후에는 공동체가 주권의 향유자가 되었다. 그러다가 시민혁명이 발생한 후에는 국가가 주권의 대표자가 되었다. 그리고 국가가 주권의 향유자가 될 수 있다는 이론을 제공한 사람이 바로 루소이다. 인간이 자발적으로 묵시적인 계약을 맺어, 자연상태를 벗어나 안전을 획득하였다는 것이 루소의 주장이며, 이것이 일반의사를 탄생시킨다. 그런데 일반의사는 개인의 의사보다 우월한가, 아니면 개인의 의사에 불과한가? 이러한 질문은 곰곰이 따져보면 서로 모순된다는 것을 금방 알 수 있다. 왜냐하면 개인의사의 총합이 일반의사인데, 그것이 개인보다 우월한 이유를 찾을 수 없으며, 또 반대로 개인의사보다 우월하지 않다면 국가의 명령권은 성립하지 않을 것이기 때문이다. 뒤기에 따르면, 이것이 루소의 궤변이며, 자유주의 국가론의 모순이다.

"그 점이 국민주권 이론은 국왕의 신수권을 인민의 신수권으로 대체시킨 데 불과하다고 말하는 것이 백번 옳은 이유입니다. 루소와 루소의 추종자들이 〈나는 일반의사에 복종하지만 자유롭다. 왜냐하면 일반의사는 개인의사로 구성되어 있기 때문에, 나는 나 자신에게만 구속되기 때문이다〉라고 말할 때, 이러한 추론은 모순적이며 궤변입니다. 사실 그들은 개인 의사와는 구분되는 의사를 가지고 있는 단체 인격적인 공동자아가 있다는 것을 확인하며, 그 결과 국민의사는 개인의사의 합계가 아니라는 것을 확인하는 것으로 시작하고 있습니다."[165]

이렇게 두고 보면 일반의사, 혹은 국민주권은, 다수를 지배하는 소수에 대한 복종을 의미하는 것에 불과하다. 형식으로는 사발적인 합의지만, 실제로는 권력에의 복종이기 때문이다. 레옹 뒤기가 보기에 루소 자신도 이러한 자기모순을 인식하고 있었고, 이 문제를 해결하려고 했지만, 결국은 실패하고 말았다. 역사적인 흐름에서 볼 때 루소는 프랑스 대혁명이라는 시대적 상황에서 벗어나지 못했고, 국민주권이라는 개념은 군주 시대를 풍미했던 초자연적인

---

165 레옹 뒤기, 『일반 공법학 강의』 112-113쪽. 뒤르카임도 루소를 비판한 바 있다. 뒤르카임이 말하기를, 루소의 입장이 가능하기 위해서는, 즉 자연 상태에서 사회상태로 이행하는 것이 가능하기 위해서는, 공통적 이해관계가 존재해야 한다. 그런데 어떻게 공동이해가 탄생하는가? 루소는 공통적 이해관계가 어떻게 가능한가를 논의하지 않은 채 사회계약으로 국가가 탄생한다고 주장하는데, 이것은 잘못된 믿음에 근거한 것이다(뒤르켐, 『사회분업론』 299쪽). 그렇다면 레옹 뒤기는 이 문제를 어떻게 해결했을까? 그는 공동 이해가 바로 사회적 연대이며, 국가가 실시해야만 하는 공역무의 의무라고 한다.

권위와 비슷한 것이었다.

한편 루소의 모순을 해결하기 위해서 독일의 법학자들은 '자기제한론'(auto-limitation)을 제시한 바 있다. 그 이론의 주요 내용은 법을 창설한 국가는 자신이 창설한 법에 자율적으로 복종할 수 있다는 것이다. 이렇게 되면 법의 제한을 받게 되지만, 국가는 여전히 주권자로 남아 있을 수 있다. 여기에 대표적인 학자가 예링과 옐리네크이다. 그런데 레옹 뒤기가 볼 때 자기제한론에도 한계가 있다. 즉 상황이 변하고 법을 위반하는 것이 이익이 될 때, 국가는 자발적으로 법의 구속으로부터 벗어날 수 있다는 점이다.[166] 쉽게 말해 국가는 자기 마음대로 이랬다저랬다 할 수 있는데, 그렇다면 그게 무슨 법치이고, 무슨 주권인가?

루소의 사회계약론과 독일 법학자들의 자기제한론은 국민주권 개념이 갖는 한계를 적나라하게 보여준 사례이다. 이를 두고 레옹 뒤기는 형이상학적 국가이론[167]의 오류라고 부른다. 그렇다면 어떻게 자유주의 정치이론과 국가론을 벗어날 수 있을까? 그 방법은 국가의 현실을 있는 그대로 인식하는 것이다. 뒤르카임의 용어로 바꾸어 설명하자면, 사회적 실재로서 국가의 모습을 인식하는 것

---

166   레옹 뒤기, 『일반 공법학 강의』 118쪽.

167   레옹 뒤기, 『일반 공법학 강의』 6강의 제목이 바로 "국가의 문제- 형이상학적 이론과 주권 개념"이다.

이라 할 수 있다. 여기서 다시 한번 뒤르카임의 사회학 방법론이 레옹 뒤기에게 영향을 크게 주고 있음을 확인할 수 있다.

그렇다면 다시 묻자. 도대체 현실에서 작동하는 있는 그대로의 국가의 모습은 무엇인가? 뒤기는 다음과 같이 국가의 모습을 기술하고 있다.

> "우리 주위를 둘러보고 일상생활의 사실을 들어 봅시다. 칼, 총, 대포, 기관총을 갖춘 부대가 지나가는 것을 볼 때, 우리는 저항할 수 없는 물리력이란 인상을 받으며, 외부로부터의 적에 대항하여 나라를 보호하는 군사력을 창설하고 지휘하는 것을 국가라고 말합니다. (…) 저항할 수 없는 물리력으로 국내의 평화와 평온을 확보하는 것은 역시 국가입니다. (…) 강제력을 동원하여 민사상의 채무의 이행을 확보하는 것 역시 국가입니다. (…) 손목에 수갑이 채워진 죄수가 감옥에 가거나, 교수형에 처해지거나, 기요틴에 처해질 때, 그것의 주체는 역시 물리력의 극치에 있는 국가입니다. (…) 국가가 우리에게 취하는 모든 현상을 검토하면 무엇보다도 먼저 물리력의 표현을 목격할 것입니다."[168]

---

168   레옹 뒤기, 『일반 공법학 강의』, 96쪽.

그렇다면 국가의 정당성은 어떻게 확보되는가? 형이상학적인 주권이론이 아니고, 강제력을 가진 국가의 속성을 인정하면서, 국가권력의 정당성을 찾을 수 있는 방법은 무엇인가? 뒤기에 따르면 사회생활을 하는 인간에게 요구되는 의무를 실행할 때 국가의 정당성은 확보된다. 왜냐하면 인간생활에서 도덕적 의무가 있듯이, 국가권력에도 도덕적 의무가 있으며, 이것의 실행 여부가 국가 정당성의 기준이 되기 때문이다. 경찰의 예를 들어 보자. 경찰은 분명 공권력을 대표하는 국가기관이다. 그런데 경찰권력은 어떻게 정당성을 인정받을 수 있는가? 그것은 바로 일반인들의 생활 속에서 경찰이 민중들의 삶을 보호하고, 경제적 피해를 보상하고, 최소 생계를 보장할 수 있는 행정조치를 실시했을 때이다. 결론적으로 국가권력은 사회적 유대를 유지하는 것에 기여할 때만 정당성을 확보할 수 있다.

그런데 뒤기는 사회적 유대가 서비스의 교환에 의해서 실현된다고 판단한다. 이것은 직업적 귀천이나 신분의 차이에 따라 정치적 결정의 무게가 달라지는 것이 아니라는 의미이다. 즉 농부나 노동자나 황제나 일상생활에서 겪는 불편함을 해소하고 최소한의 생계를 보장하는 것은 모두에게 똑같이 존재하는 사회적 상황이다. 이러한 최소한의 생활조건을 보장하는 것을 공익활동이라고 할 수 있고, 이것을 보장하는 의무를 공역무(le service publique)라고 한다. 그러므로 통치자의 의사는 공역무의 조직과 기능을 추구할 때에만 가치와 힘이 있다.[169] 그리고 이러한 공역무는 전쟁, 경찰, 사법의 범위를 넘어서 기술적이고, 상업적이며, 산업적인 분야로 그 범위가 넓어져 왔다. 이것이 바로 국가가 반드시 수행해야 할 공역무의 대상이다.

> "한 국민은 사회적 유대(solidarite sociale)가 실현되고 스스로 발전할 때에만 살아가고 발전할 수 있습니다. 따라서 사회적 유대의 실현을 할 수 있도록 일하여야 한다는 것은 소시민으로부터 대봉녕이 뇌었건 국왕 또는 황제가 되었건 국가원수에 이르기까지 국민 모두에게 거역할 수 없는 의무입니다."[170]

이러한 맥락에서 뒤기는 과실책임보다는 '위험책임'을 강조한다. 과실책임이란 국가의 행동이 위법하거나 적절하지 못하여 국민이 피해를 보았을 때, 그 과실의 여부를 피해당사자인 국민이 스스로 입증해야 한다는 법이론이다. 한편 위험책임이란 국민에게 손해가 발생하였을 경우, 그 입증책임이 국가에 있다고 본다.

레옹 뒤기가 거론하고 있는 구체적인 예를 몇 가지 들어 보자.

첫째, 사기업의 노동자가 사고의 희생자가 되었다면, 여기에 대한 손해배상의 책임은 경영주가 부담해야 한다. 즉 그 사고가 노동

---

169   레옹 뒤기, 『일반 공법학 강의』 128쪽.
170   레옹 뒤기, 『일반 공법학 강의』 126쪽.

자의 부주의나 미숙에 기인한 것이라고 할지라도 배상받을 권리가 있다는 것이다.[171] 그 이유는 기업이 노동자를 통해 이익을 획득하고 있기 때문에 사고는 기업이 부담해야 하는 위험이다.

둘째, 학교에 화재가 발생했을 때, 그것이 처음에는 큰 화재가 아니어서 모두가 쉽게 진화할 수 있으리라 예상했지만, 학교가 전소되었다고 하자. 이때 이러한 화재사건은 소방관의 책임인가? 레옹 뒤기의 설명에 따르면 소방대장이 일을 제대로 하지 못했다는 것을 증명하지 못하는 한 소방관의 책임이 아니라, 소방관을 임명한 지방자치단체의 책임이다. 즉 공동체의 이익을 위해 일하는 행정업무에서 손해가 발생했으므로, 소방관이 누구인지와 관계없이 궁극적인 책임은 지방자치단체가 부담해야 한다는 것이다.[172]

셋째, 경찰관이 치안유지를 위해 절도범을 추격하다가 길 가던 행인을 부딪치고 넘어지게 하여, 행인의 다리가 부러진 경우, 그 책임은 무조건 공역무의 과실로 보아야 한다. 행인이 부주의했는가를 따지지 않는다. 즉 공적 업무를 진행하는 과정에 발생한 모든 민간의 피해는 경찰관의 책임이며 국가가 보상해야 한다.[173]

넷째, 전쟁피해에 대한 보상도 국가가 부담해야 한다. 국가가

---

171   레옹 뒤기, 『일반 공법학 강의』, 258쪽.

172   레옹 뒤기, 『일반 공법학 강의』, 260쪽.

173   레옹 뒤기, 『일반 공법학 강의』, 262쪽.

국토를 보전하기 위해서 전쟁을 벌인 경우, 그 피해가 국가에 의한 것이든, 적군에 의한 것이든, 국가의 책임으로 인정해야 한다는 것이다. 물론 전쟁은 모두의 이익을 위해서 시작되었고, 국민의 안전과 영토를 보전하기 위한 목적으로 진행되었지만, 그 과정에 발생한 모든 손해는 국가의 부담이라는 것이다.[174]

요약하자면 국가가 공동체의 이익을 위해서 추진하는 모든 공공사업에서 발생하는 민간인 피해는 국가가 보상할 책임을 져야 한다는 것이며, 이를 두고 사회적 위험에 대한 국가의 보상책임이라고 할 수 있다. 그런데 국가는 인격을 가진 주체가 아니므로 국가의 모든 활동은 공무원들에 의해 수행되고, 공무원의 수행 중에 발생한 과실에 대해서는 곧바로 국가가 자기책임을 부담한다는 것이다. 이것이 바로 역무과실이론이다. 이러한 견해는 18세기 주권이론에 근거했던 자유주의 국가론을 넘어서 19세기의 복지국가의 필요성을 제시한 것이라고 평가할 수 있다.[175]

---

174   레옹 뒤기, 『일반 공법학 강의』 270쪽.

175   장윤영, 『레옹 뒤기의 공법이론에 관한 연구』 경인문화사, 2021, 194쪽.

4장 | 레옹 부르주아: 1차적 중도정치

레옹 부르주아는 뒤르카임과 레옹 뒤기의 연대주의 사상을 현실 정치에 적용했던 인물이다. 그는 '급진당'이라는 중도정당을 창설하여 대통령에 당선되었고, 프랑스를 복지국가로 이끈 정치인이다. 그의 정치사상과 이력 그리고 급진당의 강령을 살펴보도록 하자.

1890년대 이르면 사회적 빈곤을 해결하는 것이 시대의 과제로 등장한다. 그런데 이러한 사회문제를 해결하는 방식은 크게 보아 세 가지로 나뉘었다. 첫 번째는 자유방임적인 방식으로 개개인의 자조 능력을 계발하고, 스스로 노력하여 빈곤을 해결하려는 것이다. 두 번째는 사회주의적인 방식으로 빈곤을 비롯한 사회문제가 모두 자본주의의 구조적 모순으로 출발한다고 생각했다. 따라서 해결책은 노동자의 사회혁명을 통해서 사유재산제도를 근본적으로 척결하는 방법이다. 세 번째는 레옹 부르주아의 방식인데, 이것은 자유주의와 사회주의의 두 가지 방법을 모두 넘어선 제3의 길이라고 할 수 있다. 레옹 부르주아의 방법을 이해하기 위해서는 우선 그가 독창적으로 주장하는 '사회적 준계약'이라는 개념을 알아야 한다.

우선 그는 사회적 준계약, 혹은 사회적 부채라는 개념을 근거로 전통적인 자유주의자들의 사회계약을 비판했다. 그에 따르면 자유주의 정치철학은 자연상태에서 개인과 개인 간에 원초적 계약만으로 국가의 탄생을 설명하고 있다. 그러나 개인이 일상을 살아가면서 서로 다른 계약 조건을 필요로 한다는 사실을 인정하지 못했다. 레옹 부르주아는 개인이 정치적-경제적 계약관계를 설정할 때 이러한 사회적 부채(Le devoir -social)를 청산해야만 하는데, 이것이 바로 '사회적 준계약'(Quasi- contrat association)이다. 말을 바꾸면, 개인 사이에 일어나는 자유로운 계약에는, 자유롭게 계약할 능력을 부여받기 위해, 이러한 사회적 부채를 청산할 의무가 있는데, 이러한 이유로 '사회적 준계약'이 선행한다고 말할 수 있다.[176]

즉 자유주의 전통에서 계약이란 두 당사자 간의 이익의 균형이며, 사회주의 전통에서 계약이란 그 자체가 불필요하다. 반면 레옹 부르주아에서 계약이란 현재와 과거의 타인에게 내가 일정한 부채를 안고 있으며, 이것을 청산하는 것이 계약관계에 포함되어야 한다. 이러한 '준계약'의 개념은 다음과 같은 의미를 갖는다. 첫째는 인간의 능력과 행동은 모든 것이 타인과 연결되어 있으며, 둘째는 계약이란 이해관계의 균형뿐만 아니라 인간과 인간의 부채 관계의 청산이다.[177]

레옹 부르주아는 *solidarite*라는 저서를 집필하여 연대주의 사상을 일반인들에게 널리 알린 바 있지만, 아직 이 책은 아직 한국어로 번역되지 않았다. 어쩔 수 없이 필자는 그의 저서에 등장하는 몇 문

---

176   자크 동즐로, 『사회보장의 발명』, 99쪽.

177   Leon Bourgois, *solidarite*, p. 49.

장을 원문으로 발췌하고, 한국어로 번역해 보려고 한다. 아래의 문장들은 레옹 부르주아의 사상을 가장 잘 요약하고 있는 부분이다.

Le consentement a un accord, entre deux contractants egalement libre, depend sans aucun doute de l'egalité des avantages directs ou indirects que chacun des contractants espère tirer du contrat. C'est, en d'autres termes, l'echange de services supposés equivalents qui donne à la convention ses conditions naturelles et ses conditions morales.[178]

모든 합의는 상호 간에 동등한 두 계약자들 사이에 맺어지는 규약이다. 이것은 분명 계약으로부터 당사자들이 이익을 얻을 수 있다는 동등성에 근거하는 것이다. 달리 말하자면, 서비스의 교환은 그것을 제공하는 사람들로부터 동등한 대가를 전제로 한 것이다. 이것이야말로 두 당사자가 합의에 이를 수 있는 도덕적 조건이다.

Nous avons vu comment la théorie de la solidarité des êtres, et en particulier, des êtres humains, verifie et generalise cette ideé de la dette de l'homme envers les autre hommes et fonde sur elle, en

---

178   Leon Bourgois, *solidarite*, p. 48.

dehors de toute definition aribitraire et de toute intervention d'une autorité extérieure, la théorie du devoir social.[179]

사회적 존재로 사람들 사이에 연대의 이론이 작동한다는 것을 보았다. 즉 연대이론은 사람들이 서로 빚을 지고 있다는 사상을 확인해 준다. 이것이 사회적 의무라는 이론이며, 여기에는 외부적인 간섭이나 강제력이 개입하지 않는다.

Il y a donc pour chaque homme vivant, dette envers tous les hommes vivants, a raison et dans la mesure des services à lui rendus par l'effort de tous. Cet echange de services est la matière du quasi-contrat d'association qui lie tous les hommes.[180]

그러므로 살아 있는 모든 인간은 사람들 모두에게 빚을 지고 있으며, 서로에게 공적 서비를 제공하는 것이 타당한 이유이다. 공적 서비스의 교환은 사람들을 연결해 주는 연대의 유사계약에 의한 것이다.

한편 그는 1901년 급진당을 창당한다. '급진'이라는 단어는 1830년대 정부 구조나 선거제도를 급격하게 개혁하려는 사람들을

---

179   Leon Bourgois, *solidarite*, p. 48.

180   Leon Bourgois, *solidarite*, p. 49.

지칭하는 용어로 사용된 바 있다. 그러다가 1848년 2월 혁명에 적극적으로 참여하여 공화정을 이끌어내기도 했다. 당시에 그들이 주장한 내용들은 보통선거제, 언론 출판 집회의 자유, 초등교육의 무상실시, 보안법의 폐지 등이었다. 그러다가 1892년 하원에서 급진사회주의 공화파 그룹이 만들어진 계기에, 노동자들의 조합활동을 지원하고, 민주적 신용체제의 완성 등을 강조한다. 그렇지만 이들은 사회주의 계열의 혁명노선을 지지하지 않았다. 특히 사적 소유권 제도를 옹호했다는 점에서 부르주아 민주주의자들이라고 볼 수도 있다. 그러다가 1896년 지방선거에서 보수주의자와 온건 공화파가 결탁하는 것에 반대하여 급진파만이 공화국의 완성을 수행할 수 있다는 점을 강조한다. 이때부터 극렬한 사회주의 사상에서 이탈한 중도 사회주의파와 공화주의 개혁을 위한 급진파들이 결합하게 되고, 결국 1901년 레옹 부르주아가 주도하는 중도정당이 탄생한다. 그 이름이 바로 급진당(parti radical)이다.

당시에 사회주의 세력의 일부가 이탈하여 중도정당의 건설에 합류한 이유는 다음과 같다. 첫째는 보수주의를 제거하는 것이 사회혁명에 도움이 된다는 전략적인 이유가 있었으며, 둘째는 복지를 향한 사회입법이 궁극적으로 사회주의 혁명으로 귀착될 것이라는 기대가 있었고, 셋째는 사회개혁 입법을 받아들일 수밖에 없는 시대적 상황이 있었다.[181]

1902년 급진당 주도로 연합내각이 조직되었는데, 이때 그들이 제기한 법률안들을 보면 다음과 같다. 즉 광산노동자 노동시간을 하루 8시간으로 하고, 노년에 대한 국가보조금법을 마련하고, 교회와 국가의 분리법이 제정되었으며, 그 외에 사회개혁에 관련한 더 많은 내용들을 입법화했다. 이들은 철도, 은행, 산업의 독점경향에 대해서 국가가 개입하여 거대 자본의 남용을 제어해야 한다고 생각했고, 소규모 생산자, 소상인, 농민들이 노동을 통해서 소유를 획득해 가는 과정을 경제정책의 핵심으로 판단했다. 즉 몇몇 특권층이 소유를 장악하는 모순을 막아야 한다고 수장한 것이다. 이것은 자유주의가 낳은 이기적 시장경제와 마르크시즘이 강조하는 무조건적인 집산주의를 극복하고, 보다 현실적인 경제정책을 통해서 소외된 계층을 돕겠다는 의미를 갖는다. 이러한 목표를 위해서 추진된 정책 중에서 가장 핵심적인 것이 바로 누진세 도입이다.

경제사회개혁에 대한 구체적인 내용들은 1907년에 발표된 낭

---

181 20세기 이후 급진당은 사회당과 중도우파로 다시 흡수된다. 이런 맥락에서 볼 때 급진당은 좌익-중도라는 광대한 범위를 아우르는 정당이지만, 이념적 스펙트럼이 넓은 까닭에 정치적 격변기에 잠시 나타났다가 다시 사라지는 태생적 운명을 가지게 된다. 특히 2000년대 이후에는 급진운동이라는 형태의 정당이 등장하는데 이것은 마크롱이 창당한 전진당의 전신이라고 부를 수 있다. 그리고 이러한 현상은 비단 프랑에서만 나타난 것이 아니라, 이탈리아나 덴마크에서도 등장한다. 즉 중도노선을 기점으로 좌우 합작을 모색하는 정치적 실험이 다른 곳에서도 등장한 바 있다.

시 강령에 잘 나타나 있다. 그 내용을 중요도에 따라 항목별로 요약하면, 아래와 같다.[182]

1. 유사계약론: 의무로서의 연대를 인정하여 준 계약론에 입각하여, 사회적 평등을 실현한다는 철학적 기반을 보여준다.

2. 이기적 자유주의와 개성을 말살하는 집산주의의 양자를 반대한다. 즉 정당한 소유를 옹호하지만, 하층민을 압살하는 자유방임은 반대한다. 그래서 강령에서 명시하기를 '시민들은 연대의 의무를 실현하고, 국가는 사회적 보호를 통해서 시민들에게 빚을 갚는다'고 주장한다. 이것이 프랑스식 복지국가(Etat-Providence)의 철학적 배경이다

3. 위의 목표를 위해서 보다 효율적인 정책을 도입하려고 한다. 특히 사회주의는 이상은 높지만 현실성이 없다고 비판하면서, 현실에서 당장 효과를 거둘 수 있는 정책을 제시한다. 그것이 바로 누진세 도입이고, 상속세 및 증여세 강화이다.

4. 선출직 판사제도를 도입하려고 했다. 이 당시에 있었던 드레퓌스 사건은 국민의 법적 권리가 정권에 의해서 기만당할 수 있다는 자각을 일깨워 주었고, 그래서 실질적인 법적 평등을

---

182 민유기, "20세기 전환기 프랑스의 급진공화파와 중도정치,"『프랑스사 연구』 한국 프랑스사학회, 2010, 22호 참조.

위한 대책을 마련하려고 했다. 이러한 맥락에서 선출직 판사 제도, 판검사의 충원에 있어서 공화주의적 틀의 강조, 사업부의 독립성을 추구했다.

5. 교사들에 대한 국가지원과 통합적 국민교육체계의 완성을 추구했다. 이것은 교회가 교육의 문제에 관여했던 과거의 폐단을 일소하고, 소외계층의 기초교육을 국가가 책임지려는 시도였다. 따라서 국민교육과 더불어 성인교육과 직업교육을 국가가 책임지는 것을 원칙으로 내세운다.

6. 실업보험과 퇴직연금 등을 제정하여 노동자들의 생계를 책임질 수 있는 사회보험제도를 확보하려 했다. 노사 간에 심각한 분쟁이 발생할 경우 국가가 의무적으로 중재에 나설 것을 명문화했다. 또 누진세의 도입과 함께 소비세의 감면, 소상공인들을 위한 등록세와 인지세의 감면을 추진했다.

7. 국방 산업을 국가가 관리하고, 산업 독과점을 규제하며, 민간철도와 독점적 보험회사를 국가가 매입하는 것을 원칙으로 한다. 국부의 증가를 위해서 항구와 내륙수도, 운하와 철도의 확장에 힘쓴다.

8. 공공지출을 엄격하게 관리하여 부족한 재원을 관리하고, 육군과 해군의 예산을 축소하며, 국방예산을 엄격히 통제하여 국자재정의 낭비를 막는 것을 원칙으로 했다. 또 국방에 피해가 없는 한 의무복무의 기간을 단축하기로 한다.

9. 노인, 장애인, 불치병 환자에 대한 공공구호를 확대한다. 이

들은 사회적 연대를 실현하는 데 매우 중요한 소외계층인데, 노동자와 다른 차원에서 관리되어야 한다.

10. 실질적인 사회보장을 실현하기 위해서 산업체의 위생을 강화하고, 취약계층에 대한 무상의료 서비스를 확대한다. 시골마을의 구호병원을 강화하고, 결핵과 알코올 중독 반대 활동을 추진한다.

11. 여성의 정치적 권리를 확장함과 동시에 빈곤한 임산부들에게 국가가 경제적 지원을 하며, 여성들의 출산휴가를 6주 보장한다.

위와 같은 급진당의 개혁정책은 프랑스의 복지국가 기틀을 다지는데 크게 기여하였다. 이전에는 주로 종교적 자선을 베푸는 형식으로 빈곤의 문제를 해결하였다면, 급진당이 창당된 이후 프랑스는 본격적으로 공공부조와 사회보험의 형식으로 경제적 약자를 보호하기 시작한다. 몇 가지 대표적인 예를 들어 보자. 1893년에는 무료 의료부조법, 1904년 아동 부조 서비스의 개편, 1905년에는 노인과 장애인에 대한 연금급여 제공, 1910년에는 빈곤가족에 대한 부조법, 1913년에는 빈곤한 임산부에 대한 부조법을 제정했다.

한편, 임금 근로자에 대한 사회적 보호법도 등장한다. 1898년 공제조합에 관한 법률, 산업재해 보상에 관한 법률, 1910년에는 노동자와 농민을 위한 퇴직연금에 대한 법률, 1932년에는 가족수당법이 제정되었다. 여기서 주목할 만한 것은 산업재해에 대하여 보상의 책임을 노동자의 과실과 관계없이 기업주가 맡도록 규정한 것이다. 이 법은 처음에는 상공업 분야의 임금근로자에 한정하여 실시되다가, 이후에는 농업종사자에게까지 확대 적용되었다. 1930년대에는 이것이 사회보험제도로 발전하여 상공업 부분 임금근로자를 대상으로 확대된다. 즉, 질병, 노령, 산업재해를 포괄하는 사회적 위험에 대하여 보상하는 법으로 발전한 것이다.[183]

위에서 보이는 정책들은 국가의 기능이 달라졌음을 의미한다. 빈곤이나 산업재해와 같은 사회문제를 개인에게 맡겨 두는 것이 아니라 국가가 직접 개입하여 해결해야 한다는 사상이 일반적으로 인정된 것이다. 물론 이러한 비전의 기본사상은 연대주의이다. 국가 내의 모든 사람은 서로 의지하고 연결되어 있기 때문에 한 사람의 빈곤은 다른 사람의 부유한 삶과 무관하지 않다. 그러므로 사회적 약자에 대해서 국가가 책임을 져야 한다. 경제 능력이 없는 노인과 장애인에 대한 공공구호를 의무화하는 법인이 마련되고, 빈곤층에 대한 사회적 부채가 있다는 것을 인지하며, 이들을 국가가 보호해야 한다는 책무를 법으로 규정하기에 이른 것이다.

또 산업화에 따라 계급분화가 지속됨에 따라 재해를 개인이 스스로 대처하기보다는 집단적으로 예견하고 준비해야 한다는 이념

---

183   노대명 외, 『프랑스의 사회보장제도』 나남, 2018, 20-28쪽.

이 생겨나기 시작했다. 이를 두고 '집단적 재해예견' 조치라고 부를 수 있다. 그리하여 1890년대 공공구호에 머물던 연대주의 사상은 1900년이 지나면서 노동자와 자본가 사이의 계급적 조정정책으로 변화된다. 즉 '공공부조'에서 시작하여 '공공보호'를 거쳐 '사회보험' 의 단계로 발전한 것이다.

필자 판단으로는, 이러한 업적은 자유주의가 이상으로 생각했던 개인의 소유권과 사회주의가 목표로 했던 평등한 사회를 넘어서면서, 새로운 중도정치를 만든 것이라고 평가할 만하다. 즉 레옹 부르주아의 급진당과 사회보험의 정책들은 1차적 중도정치에 해당한다.

5장 | 마크롱: 2차적 중도정치

1890년대 양극화의 주범은 자유주의와 사회주의였다. 그러다가 1901년 중도정당인 급진당이 창당되고, 레옹 부르주아가 권력을 잡게 되면서, 양극화가 어느 정도 해결되었다. 즉 자유주의와 사회주의의 양극단을 중도정치로 해결한 정치이념이 바로 연대주의였고, 현실적으로는 급진당이 주진한 사회보험 정책들이었다. 그때부터 1980년대까지 프랑스는 "아름다운 시절(BELLE EPOQUE)"을 맞이한다. 정치적으로나 경제적으로 행복한 시절이었다.

그러나 1980년대를 넘어서면서 경제적 위기가 도래한다. 재정적자가 누적되고, 경제성장이 침체되는 새로운 경제적 위기를 맞이한 것이다. 이것은 비단 프랑스의 경우만은 아니었다. 위에서 살펴본 것처럼, 영국과 독일에서도 비슷한 상황이 나타난 바 있다. 그렇지만 1980년대에 프랑스는 중도좌파였던 미테랑이 정권을 잡고 있던 때라, 신자유주의의 물결이 급격하게 영향을 주지는 않았다. 이것이 프랑스의 특징이다. 그렇지만 역시 1890년대 중도정치에 해당했던 사회민주주의가 80년대 이후에는 양극화의 또 다른 주범이 된다. 이 문제를 해결하기 위해서 프랑스에서는 마크롱이 등장한다. 일단 마크롱의 중도정치가 나타나기 직전의 30년 정도, 프랑스 정치의 흐름을 살펴보자.

프랑스가 신자유주의 정책을 맞이하게 된 계기는 미테랑 정부에서부터이다. 복지국가의 철학적 이념은 사회적 위험을 제거한다는 것이었는데, 1980년대가 되면 새롭게 등장한 사회적 위험에 기존의 정책들이 제대로 대처하지 못하는 상황이 나타나기 시작한다. 예를 들어 도시 폭력, 도시와 주변의 갈등, 이민자의 문제 등이 그렇다. 이러한 사회문제들은 기존의 사회보험 체제로는 감당하기 힘든 대상이었다. 사회구조의 전면적인 개편이 요구되는 상황이 닥친 것이다.

그러나 미테랑은 전형적인 사회민주주의자였기 때문에, 시장에 적극적으로 개입하는 정책을 유지하려고 했다. 예를 들어 그는 금융부문과 기간산업을 국영화하고, 정부가 투자를 촉진하는 데 적극적으로 개입하려 했다. 그리고 정년을 하향 조정하고, 유급휴가를 연장하며, 최저임금을 인상하고, 최저소득제(revenue minimum d'insertion)를 유지했다. 또 미테랑의 뒤를 이은 조스팽 정부도 고용 분담을 통한 실업 해결을 강조하고, 정부의 개입을 통한 고용 창출을 강조한다. 이러한 정책은 올랑드 정부에까지 이어진다. 즉 부자 증세를 통한 일자리 창출, 35시간제 실질적 폐지, 해고 요건을 약화시키는 방향으로 노동개혁을 추진한다. 이것이 바로 지난 30년 동안 프랑스 좌파 정권의 기본적인 골격이다

그러나 미테랑의 제 2 집권시기, 즉 1990년대부터는 이러한 사민주의 정책을 지속하기 어려울 정도로 국가재정이 어려워진다. 이때부터 프랑스에서도 신자유주의 정책의 필요성이 강하게 대두된다. 우선 미테랑은 국유화를 정권의 최대 목표로 생각하지 않게

되었다. 금융시장이 자유화되면서 노동에 대한 권리는 고용자와 타협하지 않을 수 없게 된다. 이것은 한마디로 생산적 국가에서 '조절적 국가'로 이행한 것을 의미한다. 특히 1988년 미테랑의 2기 집권 이후 수상으로 임명된 로카르는 새로운 정책 기조를 발표한다. 그 내용은 다음과 같다.

첫째는 공공적자의 점진적 감소, 임금인상의 완화, 생산적 투자에 대한 우선 정책실시, 둘째는 프랑스 경제의 현대화를 위해 공공부문의 개혁과 국유부문에 대한 개혁정책 실시, 셋째는 기회균등, 자유와 안전 사이의 균형, 넷째는 교육의 투자를 증대하여 미래를 준비하려는 정책이었다. 지금까지의 개혁의 주체가 국가였다면, 이제부터는 시민사회가 개혁을 이끌어 가야 한다는 새로운 시각을 천명한 것이다.[184] 또 1991년 사회당 전당대회에서 채택된 기획안에 따르면 자본주의와 기술혁명의 관계를 새롭게 파악하고, 비물질적 노동에 근거하여 새로운 노동자계급을 정의 내리는 등의 작업을 수행한 바 있다.

그렇지만 프랑스 좌파의 개혁에도 불구하고 1995년에는 우파였던 시락이 대통령에 당선된다. 그때부터 신자유주의 정책을 주장하게 되는데, 대표적인 사례는 다음과 같다. 소규모 정부를 지향

---

184   김수행 외,『제3의 길과 신자유주의』, 서울대학교 출판부, 2003, 313쪽.

하고, 재정정책으로 시장에 개입하는 규모를 축소한다. 그리고 법인세를 완화하고, 고용유연성을 인정하는 정책을 실시했다. 연금개혁을 단행하여 연금수령의 연령을 연장했다. 고소득자에 대한 세금감면을 통해서 경제성장을 촉진하려 했으며, 기업의 연구개발에 대한 세금 공제를 확대했다. 교육예산을 증대하여 교육개혁을 추진했으며, 기술직업과 훈련프로그램을 강화했다. 인종차별을 없애기 위해 차별철폐 조지를 모색한 바 있다.

시락 정부에서 총리를 지낸 알랭 쥐페는 1994년 공공부문을 매각하고 청년을 위한 최저임금제를 도입했으며, 의료개혁을 단행하여 비용 절감을 추구한다. 사회보험 제도의 재정적자를 줄이기 위해서 건강보험과 실험보험을 개혁하려 했다. 한편 노동시장의 유연성을 높이기 위해서 노동법을 개혁했고, 기업이 고용과 해고를 보다 쉽게 할 수 있도록 하는 법안을 제안한 바 있다. 외교적으로는 프랑스가 유럽연합에서 중요한 역할을 하는 것을 강조했고, 단일통화인 유로화를 도입하는 것에 찬성했다.

그러다가 2007년에는 니콜라스 사르코지가 대통령에 당선된다. 그는 빈곤율을 낮추기 위해서 활동연대수당을 도입하며 빈곤층의 취업을 촉진하려고 했다. 또 초과근무를 장려하고, 초과근무수당에 대하여 세금을 면제하여 노동자들이 더 많은 시간을 일하도록 장려하였다. 세금과 관련해서는 부유세를 폐지하고, 자본세를 도입했으며, 고소득자의 세금을 줄여 투자와 경제성장을 촉진하려고 노력했다. 한편 정부개혁을 위해서 공공지출을 줄이고, 공무원의 수를 감축했다. 노동시장이 유연화를 추진하여 노동자 해고를 쉽게 할 수 있는 규정을 도입하여 기업의 유연성을 높였다. 연금수령을 위해 정년을 60세에서 62세로 늘렸고, 저소득자들을 위한 주택공급을 늘렸다. 유럽연합 내에서 프랑스의 역할을 강조했고, 지중해 지역의 안정과 번영을 도모하기 위한 지중해 연합을 만들었다.

1980년대 이후 좌파와 우파는 번갈아 가며 성권을 차시하면서, 사민주의 정책과 신자유주의 정책을 번갈아 실시했지만, 양쪽 모두 정책적으로 실패한 것으로 보인다. 이제 복지국가에 대한 철학적 이념도 변화해야만 했다. 1890년대 만들어진 연대주의를 대체할 수 있는 새로운 사상이 필요하게 되었다. 그리고 구체적인 국가형태로서 '능동적 복지국가'라는 목표가 정치 전면에 등장한다. 즉 기존의 복지국가는 실업과 사회적 배제에 맞서 사후적인 처방을 실시했다면, 능동적 복지국가는 장기실업이라는 특수한 상황에 적응하기 위해 각 수단을 개별화시키는 새로운 복지국가 모델이다.[185] 이것을 다른 말로 표현하면 연대와 더불어 고용의 증진을 동시에 추진하는 국가모델이라고 할 수 있겠다.

이러한 시점에 마크롱이라는 인물이 등장했다. 마크롱은 프랑

---

185   김수행 외, 『제3의 길과 신자유주의』 320쪽.

스 현대정치에서 좌우의 양극단을 지양하고 새로운 중도정치의 모델을 제시한 인물이다. 그가 실시한 개혁정치는 지난 30년 동안 좌파와 우파의 정책을 새롭게 통합하여 성공적으로 수행한 것으로 평가받는다. 마크롱의 정책 내용을 살펴보기에 앞서, 그의 이력을 알아보도록 하자. 이를 위해 간략하게 표를 만들어 보았다.

1977년 생
2004년 재무부 금융조사관
2008년 로스차일드에서 네슬러와 파이저 등 다국적 기업 인수
합병
2011년 올랑드 경제보좌관
2014년 경제산업 디지털 장관. 일요일 및 심야 영업 규제완화.
37개 업종 규제 완화
2016년 앙마르슈(en marche, 전진당) 설립
2017년 25대 대통령 당선

한편 2017년 대선에서 이루어 낸 정치적 성공을 두고 논평들이 많았다. 특히 그는 극우 정당인 마린 르 펜과의 결선투표에서 승리하여 재선에 당선된 바 있다. 그 이유는 무엇일까? 당시의 언론에서 유포되었던 당선 이유는 아래와 같다.

1. 운이 좋았다. 당시 경선 상대였던 '페넬로프'가 게이트에 연

루되어 여론의 분노를 사면서 몰락했고, 마크롱은 반사이익을 얻게 되었다.

2. 2016년 4월 그는 시민의 힘에 의존하는 정치운동 "앙마르슈"를 설립했고, 4개월 뒤 사회당 경제장관직을 사임하고 자신만의 정치를 시작했다. 이를 통해서 그가 사회당에서 일한 경력이 있는 좌파 정치인이라는 이미지를 벗을 수 있었다.

3. 경험이 없는 앙마르슈 운동가들을 조직화하기 위해, '위대한 행진' 캠페인을 시작했다. 자원봉사자들을 전국 각지로 보내 30만 가구를 직접 방문해 문을 두드리고 사람들을 만나게 했다. 2만 5천여 명의 유권자들과 약 15분 동안 심층 인터뷰를 했다. 캠페인의 순위와 정책을 만드는 과정에서 큰 도움이 된 방대한 데이터베이스가 만들어졌다. 이렇게 만난 유권자들은 그에게 프랑스 전역에서 여론의 온도를 알려주는 중요한 그룹이었다.

4. 프랑스인들 사이에 매우 비관적인 분위기가 만연한 상황에서, 그는 매우 낙관적이고 긍정적인 이미지로 다가갔다. 그는 자신이 프랑스를 위해 무엇을 할 것인지 설명하려 하지 않았고, 사람들이 어떻게 기회를 가지게 될 것인지 보여줬다.

5. 마크롱의 선거운동은 팝 음악이 흐르는 활기차고 밝은 이미지로 비쳤다. 반면 마린 르 펜의 대규모 집회는 병과 화염병이 날아드는 시위로 무거운 정치적 이미지, 분노한 이미지로 여겨지기 쉬웠다.

한편, 마크롱과 르 펜의 정책적 차이를 표로 만들어 보면 다음과
같다.

마크롱	르 펜
유럽연합 잔류	유럽연합 탈퇴
자유무역 개방경제	보호무역
문화 다원주의	프랑스 우선주의

그렇다면 마크롱의 경제정책은 무엇인가? 그는 주로 노동권을
약화시키고 이른바 신자유주의 정책을 인정하였다. 이러한 맥락
에서 보면 그는 전통적인 사민주의에서 오른쪽으로 움직인 것이
다. 그러나 노동자의 권한을 강화한 정책도 있었다. 이렇게 보면
그는 여전히 국가개입의 정책을 유지한 것이다. 따라서 그는 좌우
의 새로운 균형점을 잡으려 한 것인데, 아래에서 그의 정책 내용을
간략하게 정리해 보자.

우선 노동권의 약화에 해당하는 정책들을 살펴보자.

1. 산별노조의 권한을 기업 노조에게 한정하고, 다음과 같은 내
   용을 규정했다.
   1) 근로조건 관련하여 사원투표 권한을 사용자에게도 부여
      했다.
   2) 근로조건에 관한 협약을 체결할 수 있도록 했다

3) 근로자 대표기구를 사회-경제위원회로 일원화했다

2. 부유세와 35시간제 폐지하고 법인세를 완화했다.

3. 퇴직수당의 상한선과 해고 배상금의 하한선을 명시했다. 그리고 부당해고 제소기간을 12개월로 단축했다.

4. 산별노조의 권한을 기업에게 부여했다. 그리하여 근로조건과 관련하여 사원투표 권한을 사용자에게도 준 것이다.

반면에 노동자의 권리를 강화한 정책들도 살펴보자.

1. 노사대화를 강조한 정책 등으로 일방적인 기업 결정을 억제했다.

2. 비정규직을 정규직으로 인정하는 정책을 추진하여 노동 안정성을 도모했다.

3. 연금 관리를 축소하면서 연금의 탄력적 운용을 주도했다.

4. 개인의 사업권리를 확대하여, 새로운 창업의 기회를 주도했다.

5. 인권보호를 강화하여 기업 내에서 노동자의 이익을 보호하려 했다.

6. 사내 임금 격차를 공개할 것을 의무조항으로 신설하였다.

7. 주택임대에 관련한 계약형태를 노동자에게 유리하도록 개선하였다.

8. 노동자를 장기고용하는 기업에게 보너스 혜택을 주도록 하였다.

9. 저소득 자녀에게 장학금 혜택을 주었다.

10. 국공립병원에 공적 자금의 투입을 확대하였다.

이러한 정책들을 한마디로 평가하자면 20세기 프랑스의 사회보장제도를 근본적으로 수정한 것이다. 즉 사회보험 중심의 복지체제를 조세형식의 사회보장금에 기초한 체계로 전환했다. 또 직능집단의 기초위에 세워진 다양한 사회보험의 체계를 단일한 구조로 바꾸었다. 나아가 다양한 사회 주체가 참여하던 거버넌스에 국가가 직접 통치하는 방식을 채택했다.

이것은 결국 '사회보험의 원리'에서 '연대의 원리'로 전환했음을 의미한다. 주요 사회보험의 보험료를 없애는 대신, 고용주가 보험료를 납부하고 퇴직자는 사회보장의 부담을 1.5배 더 부담하는 형식으로 바뀐 것이다. 또 실험보험도 개혁했다. 자발적 실업자들에 5년에 한 차례 실업수당 수급 자격을 주고 이후에 구직 노력을 하지 않을 때, 혹은 일자리를 거부할 때에는, 지급을 중단한다는 것을 원칙으로 했다.

한편 공적 연금을 개혁한 것은 마크롱 정책에 가장 중요한 부분이다. 그는 장기적으로 법적 퇴직연령을 높였고, 성별 연금격차를 해소했다. 의료보장 제도를 개혁하는 방안에 대해서는 의료 공공행정을 엄격하게 관리하여 비용을 절감하고, 의사들이 의료시설에 더 많이 투입될 수 있는 여건을 마련하였다. 마지막으로 공공부조의 개혁에 관해서는 빈곤층 관련 최저소득 보장제도를 보완했다.

지난 30년 동안 좌우를 막론하고 최저빈곤층과 장애인에 대한 공공부조는 정책의 효과를 거두지 못해 왔다. 그러나 마크롱은 이 부분의 개혁을 통해서 보호 차원이 아니라 자립 차원에서 공공부조를 지급한다는 원칙을 확보했다.[186]

마크롱의 첫 번째 집권은 대체로 성공적인 것으로 평가한다. 그의 경제개혁이 프랑스의 경제에 경쟁력을 불러왔다고 생각하는 사람들이 많다. 특히 그는 외국인 투자 유치를 통해 기업의 환경을 개선했는데, 이것은 지난 30년 동안 정권에서 제대로 실행하지 못한 정책들이다. 아마도 마크롱의 경력 중에서 외국계 국제기업에서 일한 경험이 이러한 정책들에 성공할 수 있도록 만든 원동력이 되었을 것이다. 또 그는 코로나 팬데믹을 거치는 동안 적극적인 재정 지원을 통해서 경제회복의 기틀을 다지기도 했다.

그러나 마크롱을 비판하는 사람들도 많다. 우선 불평등을 심화시켰다는 평가를 받고 있다. 그래서 그는 "부유층의 대통령"이라는 별명을 가지고 있다. 2018년 노동법 개혁 때 노란 조끼들의 시위, 2023년 연금개혁을 추진할 때 대규모의 시위가 있었다. 또 연금개혁을 성공시키기 위해서 헌법 49조를 근거로 국회 표결 없이 개혁을 통과시킨 바 있는데, 이것은 지금도 정치적으로 많은 논란거리

---

186   노대명 외,『프랑스의 사회보장제도』, 173-182쪽.

가 되고 있다. 더구나 2023년의 대규모 시위가 발생했을 때 마크롱은 소셜미디어를 차단하겠다고 발언하여 표현의 자유를 침해했다는 논란을 일으켰다.

프랑스에서 발간된 책 중에 마크롱의 사상을 다룬 책이 있다. 제목이 *Macron, "en meme temps"*[187]이다. 한국어로 번역하면『마크롱과 동시에』라는 뜻이다. 이 책의 내용을 살펴보면 마크롱의 정치철학이 폴 리쾨르의 철학에서 기원하고 있다고 밝히고 있다. 마크롱은 학생 시절 리쾨르가 마지막 대작『기억, 역사, 망각』[188]을 집필하는 데 큰 도움을 주었고, 마크롱 자신도 영향을 받았다고 적고 있다(19장 참조). 리쾨르가 말하기를 "프랑스 정치에는 두 개의 극이 존재하며, 우리는 동시에 이것을 생각해야 한다"고 했는데, 이러한 철학이 현실정치에서 드러난 것이 바로 "동시에(en meme temps)"이다. 한마디로 말해 좌파의 정책을 추진하면서도, 우파의 견해를 수용해야 하며, 우파의 생각으로 동시에 좌파의 정책을 실행해야 한다는 것이다. 리쾨르가 철학적 용어로 설명한 이 문장은 마크롱이 현장에서 자주 사용하는 문구이다. 그는 자신의 집권 기간에 민주당 소속인 보른을 총리로 임명했고, 공화당 소속의 르 메이르를 재정

---

187   Layrent Bigorgne, Alice Baudry, Olivier Duhamel, *Macron, "et en meme temps"*, Plon, 2017.

188   P. Ricoeur, *La memoire, L'histoire, l'oubli*, Edition du Seuil, 2000.

부 장관으로 기용했다. 즉 자신의 입장과 다른 정당의 인물을 정부에 기용함으로써, 자신의 정책이 우파와 좌파를 동시에 수용하고 있다는 점을 국민에게 과시한 것이다. 즉 그는 진보적 자유주의자였으며, 유럽주의자이면서도, 드골의 후예들과도 손을 잡았다. 이러한 정치적 색채는 프랑스라는 정치적 상황에서만 가능한 것이었을 것이다.

그럼에도 불구하고 마크롱은 우파의 색채가 더 강하다는 비판을 면하지 못하고 있다. 특히 이민법을 거부한 2023년 11월에 이러한 비판을 피할 수 없었다. 이 법은 심각한 범죄를 저지른 외국인의 추방을 인정한다는 의미에서 우파적 법이었지만, 불법 이민자를 정규직으로 전환하여 노동력이 부족한 분야를 충당한다는 점에서는 좌파적 법안이었다. 그런데 이 법에 대하여 좌파는 물론 우파도 반대하는 시위가 발생했다. 결국 이 법안이 통과되지 못한 것은 마크롱의 정책적 행보에 커다란 타격을 주고 말았다. 그의 "동시에"라는 정책적 입장은 프랑스 국민을 설득할 수 없게 된 것일까?.

2022년 이후 마크롱의 당은 국회에서 더 이상 다수당이 아니다. 그동안 다른 정당의 도움을 받아 개혁입법을 통과시키거나, 편법적인 법령을 통해서 정책을 수행할 수 있었지만, 앞으로는 그것마저 어렵게 되었다. 그는 2024년 여름에 국회를 해산하고 새로운 총선거를 실시하기로 했다. 분명 정치적 도박이다. 과연 그의 운명은 어떻게 될까? 그의 중도정치와 "동시에"라는 정치적 입장은 성공할 수 있을까?

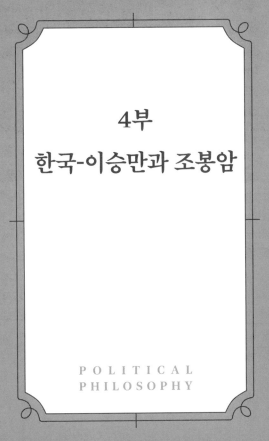

4부

한국-이승만과 조봉암

POLITICAL
PHILOSOPHY

이 책은 유럽의 중도정의 역사와 정치이념을 연구한 서적이지만, 한국정치사에도 중도 정치의 성공적인 사례가 있었다는 점을 강조하고자 한다. 이러한 탐색을 통해서 오늘날 한국정치의 난맥을 뚫고 나갈 돌파구를 찾을 수 있을 것이라고 기대한다.

이러한 맥락에서 필자는 한국정치에서 등장한 1차적 중도정치의 예로 해방 후 이승만 정권에서 단행되었던 농지개혁에 주목하고자 한다. 농지개혁은 당대의 정치지형에서 좌파와 우파의 대립을 넘어서 새로운 타협점을 찾았다는 점에서, 중도정치의 사례로 보기에 충분하다. 특히 자유주의와 사회주의를 넘어선 차원에서 농지개혁이 추진되었다는 의미에서 전형적인 제3의 길이었다고 필자는 판단하고 있다. 물론 이 문제는 한국학계에서 여전히 논쟁의 중심에 있다. 한편 토지가격의 상승으로 인해 한국경제가 심각한 위기를 맞이하고 있는 지금, 2차적 중도정치의 정책이 필요한 시점이다. 따라서 이승만 정권 시절에 시작된 1차적 중도정치의 의미를 살펴보는 것은 현재 필요한 2차적 중도정치가 어떤 모습이어야 하는지를 모색하는 과정에서 대단히 중요한 기초를 제공할 것이다. 우선 한국학계의 좌우파 진영에서 농지개혁의 성과를 어떻게 평가하고 있는지 비교해 보자. 이를 위해서 『해방전후사의 인식』과 『해방전후사의 재인식』에 게재된 유인호와 김일영의 논문을 비교하려고 한다.

유인호는 "해방후 농지개혁의 전개과정과 성격"[189]이라는 논문에서 일제 식민지 시기에 진행된 토지조사 사업부터가 일제의 식민지적 성격이 강하게 담긴 정책이라고 평가절하한다. 이어서 일제 강점기의 농업생산량의 증가분은 9% 정도였기에 농민들의 삶이 매우 궁핍했다는 점을 강조한다. 이것은 일제가 식민지 조선을 개발시키고 근대화의 초석을 마련했다는 식민지 근대화론을 암시적으로 공격한 것이다. 또한 지주의 착취가 심해서 일제 강점기 농민이 빈곤한 삶을 살아야 했음을 주장한 것이다.[190]

이러한 상황에서 해방 직후 농민들은 토지개혁을 강력하게 요구한다. 즉 국가운영의 차원에서는 자영농을 통해서 농업생산을 높이고, 농민들의 차원에서는 소작농의 굴레에서 벗어나기 위해서 완벽한 농지개혁을 하루 속히 추진하기를 바랐던 것이다. 여기에 더불어 미 군정에서도 남한의 토지개혁이 중요하다고 판단했다. 왜냐하면 봉건적 지주제가 유지된다면, 농민들의 저항이 거세질 것이며, 이로 인해 공산세력이 침투할 가능성이 컸기 때문이다. 이러한 시대적 분위기에서 1946년 3월에 북한에서 먼저 토지개혁

---

189 유인호, "해방후 농지개혁의 전개과정과 성격," 송건호 외, 『해방전후사의 인식』 1, 한길사, 1989.

190 이러한 관점에 대해서 반박한 글은 김낙년, "식량을 수탈했다고," 이영훈 외, 『반일 종족주의』, 미래사, 2019년 참조.

을 단행하는데, 이것은 남한에서도 토지개혁을 미룰 수 없는 과제로 만들었다.

여기서 유인호는 북한의 토지개혁에 대해서 자세히 논의하고 있다. 그 특징을 간략히 정리해 보자. 1. 무상몰수 무상분배의 원칙 아래 토지개혁이 이루어졌다. 이것은 중국의 사회주의와 유사한 원칙 아래 토지개혁이 이루어진 것이다. 2. 사회주의 집단농장 체제를 위한 토지개혁이었다. 3. 일본의 토지를 모두 몰수하여 무상으로 분배한 것으로 일제의 잔재를 일소하였다. 4. 직접 생산자에게 토지를 부여하는 것을 원칙으로 하였다. 5. 분여된 토지는 매매, 소작, 저당 등을 금지했다. 6. 과수원과 산림에 대해서 토지개혁이 실시되었다. 이 중에서 5번과 6번은 남한의 토지개혁과 비교되는 것으로, 유인호는 이것이 남한 토지개혁이 불충분한 것이었으며, 차후 소수의 자본가들이 토지를 독점하게 만드는 요인이 되었다고 설명한다.

한편 남한에서의 토지개혁 내용을 살펴보자. 미 군정의 초기정책은 남조선 전국농민총연맹(전농)이 제시한 방향과 크게 다르지 않았다. 예컨대 토지개혁이란 소작제도를 완전히 청산하고, 경작지와 과수원을 막론하고 무상으로 몰수하여 농민들에게 경작 노력과 가족 수에 비례하여 무상으로 배분한다는 것을 원칙으로 했다. 또 토지를 매매하거나 저당하는 것을 금지했다. 여기까지만 보면 미군정, 전농들이 구상했던 토지개혁의 방향은 북한과 크게 다르지 않았다.

그러나 지주들의 반발이 강해지고, 지연책이 생기면서, 토지개혁의 방향이 왜곡되기 시작했다. 가장 큰 문제는 농지제도 개혁을 하면서 당사자인 소작인들을 배제한 채 법률이 입안되었다는 점이다. 예를 들어 토지개혁의 주체는 농지위원회였는데, 여기에서는 지방 행정기관의 장이나 농지 사정에 밝은 학식과 명망이 있는 자를 위원으로 한다고 명기되어 있어서, 애초부터 농민들은 참여가 허락되지 않았다. 이렇게 되면 결국 정부와 구 지주들이 개혁을 이끌어 간 것이다. 또 지주들의 보상기준만이 명확히 규정되어 있고, 농지 소유보존에 대해서는 분명한 기준이 없어서, 차후 분여된 토지를 농민이 매매할 수 있는가에 대해서 위험성이 존재했다.

결론적으로 남한의 토지개혁은 실패한 것이었다. 그리고 이로 인해 현재에 이르기까지 농촌과 농업의 위기가 지속되고 있다는 것이다. 토지소유에 있어서 반봉건적 관계가 재편된 것일 뿐 농민들의 빈곤을 해결하려는 의지가 부족했기 때문이다. 이것이 식민지 지배를 받던 지역이 미국에 의해서 시장경제로 편입되는 경우에 생겨났던 일반적인 문제였다. 그리고 이것이 한국의 토지개혁에도 그대로 나타났다. 한편 지주들은 토지를 유상으로 매매하거나, 토지개혁 전에 강제 매매함으로써, 산업자본가로 자태 전환을 시도했다. 그로 인해 지주의 신분이 근대화 시기에 들어와 자본가로 다시 탄생하게 된다.

"위로부터의 작용과 외부로부터의 근대적 원칙의 적용 그리고 상품

화폐 관계의 침투는 이들 지역의 폐쇄적 경제에 대하여 일정한 파괴력을 발휘하였으나, 그것은 새로운 생산관계 창출의 기축이 되는 자유로운 소농민 토지소유=소상품생산을 마련하는 바 없이 다른 모습으로 즉 제국주의의 정치적 경제적 지배하에서 봉건적 소유를 재편성하는 데 멈추었다."[191]

"우리나라의 농지개혁사업의 전 과정은 이해 상관자의 한쪽에 의해서만 일방적으로 이루어졌다. 토지소유의 봉건적 지배관계를 유지함으로써 그들의 지위를 보장할 수 있었던 지주계층의 이익을 전면적으로 보장하는 견해에 주도되어 실시된 것이 우리나라 농지개혁이다. 그러므로 우리나라의 농지개혁은 농업에서의 새로운 경제질서를 구현할 수 있는 방향도 제시할 수 없는 것이 되었으며, 또한 전체적인 국민경제의 고도화(공업화)와 연결 지어지지도 않는 매우 폐쇄적인 농민적 토지소유를 확립하는 데 그쳤던 것이다."[192]

반면 김일영은 이러한 좌파의 시각을 정면으로 비판한다. 그는 "농지개혁을 둘러싼 신화의 해체"[193]라는 논문에서 유인호를 공

---

191   유인호, "해방후 농지개혁의 전개과정과 성격," 453-454쪽.

192   유인호, "해방후 농지개혁의 전개과정과 성격," 462쪽.

193   김일영, "농지개혁을 둘러싼 신화의 해체," 박지향·이영훈 외, 『해방 전후

격한다. 우선 논문의 서두에서 강조하기를 농지개혁이 한국경제의 발전에 미친 영향이 지대했다고 평가한다. 이것은 위의 인용문에서 유인호가 '농지개혁이 국민경제의 고도화와 연결 지어지지도 않았다'는 평가와 완전히 다른 해석이다. 또 농지개혁과 한국전쟁을 거치면서 기존의 사회세력, 즉 농민이나 노동자들이 약화되었고, 이로 인해서 국가의 역할이 상대적으로 강화될 수 있는 계기를 만들어 주었다. 그런데 강화된 국가의 위상이 바로 박정희 시대의 발전국가의 토대가 된 것이다. 즉 이승만 시대의 농지개혁이 성공적이지 않았다면, 지주계급이 지속적으로 생존했을 것이고, 만일 그랬다면 한국의 경제발전은 필리핀과 같은 지주 과두제 국가로 전락했을 것이라는 주장이다. 김일영의 논지는 한마디로 이승만 시대의 농지개혁이 성공적이었기 때문에 박정희 시대의 발전국가 성립이 가능했다는 것이다.

좀 더 구체적으로 김일영은 좌파의 논지를 세 가지 관점에서 반박한다.

첫째, 이승만은 농지개혁과 귀속재산 불하에 적극적이었다. 따라서 이승만이 지주계급의 편을 들어, 농민의 이해관계를 거슬러,

사의 재인식』2, 책세상, 2006.

농지개혁을 왜곡했다는 주장은 잘못된 것이다. 이승만은 정치적으로 반공보수였지만, 농지개혁에 대해서는 매우 개혁적인 입장이었다. 그는 지주도 아니고, 농민도 아닌, 자신의 이해(정부의 재정 확보와 농민들의 지지)를 위해서 농지개혁을 적극적으로 원했다. 농지개혁을 통해서 남로당과 한민당의 영향력을 줄이고, 선거에서 농민들의 지지를 끌어내는 것이 이승만의 입장이라는 것이다. 필자가 보기에 매우 설득력이 있다.

또 농지개혁을 통해서 토지에 묶인 자본을 공업화하는 길만이 국가건설 이후 부국으로 나갈 수 있는 방향이라고 생각했다. 물론 추진과정이 전적으로 농민들을 위한 것은 아니었다. 그럼에도 불구하고 지주들에게만 혜택을 준 것도 아니었다. 사실 지주들의 보상액은 현금이 아니고, 유가증권으로 지불되었고, 그 액수도 농산물의 시가로 계산하는 방식이었기 때문에, 그다지 충분한 것은 아니었다. 오히려 지주들은 몰락한 경우가 더 많았다.

둘째, 귀속재산처리법과 관련하여 농지개혁을 평가해야만 한다. 이때 중요한 사항은 지주에게 귀속재산을 불하할 때 우선권을 인정해 주었고, 그에 대한 대금도 농지증권으로 지불할 수 있도록 법안을 마련했다. 이것이 제대로 시행되었다면, 과거의 지주들은 새로운 시대에 자본가로 형태를 바꿀 수 있었을 것이다. 그런데 실상은 그렇지 못했다. 농지개혁과 귀속재산처리법에 대한 법안들은 모두 지주에게 불리하게 작동했기 때문이다. 특히 귀속재산을 승계할 수 있는 순위에서 지주는 하위순번으로 밀려나 있었다. 이렇게 되면 농지개혁 이전에 일제가 남긴 재산을 불하받으려고 했던 지주들의 노력은 성공하기 어려웠던 것이 분명하다.

셋째 농지개혁이 제대로 시행되지 않은 채 한국전쟁이 발발되었다는 주장은 사실이 아니다. 농지개혁법이 발표된 것은 1950년 3월이었고, 세부시행령은 6월에 발표되었다. 이런 시차를 두고 볼 때 농지개혁은 북한군이 서울을 점령했을 때 실시된 것이라고 볼 수도 있겠다. 그러나 김일영은 1950년 3월에 농지의 80퍼센트가 분배되었다고 주장한다. 이러한 주장의 근거로서 '농가별 분배 농지 일람표'를 거론한다. 이 문건에 의하면 1950년 3월에 지역의 면사무소에서 모든 농민들에게 분배될 토지의 내용이 공개되었고, 농민 측에서 이의제기를 하지 않으면 일람표에 적힌 그대로 농지를 분배했다는 것이다. 그러니 시행령 없이도 빠른 속도로 분배가 이루어진 것이다. 이것은 소관 부처의 발빠른 대처와 이승만의 적극적인 의지가 있었기 때문에 가능한 일이었다. 요약하자면 한국에서 농민들은 한국전쟁이 발발하기 전부터 농지를 분배받아 보수적인 농민의식을 가지게 되었고, 이로 인해 북한군 점령 시기에 사회주의 정책에 저항할 수 있었다.

넷째. 농지개혁을 추진하던 국가의 권력은 근대 발전국가의 원동력이 되었다. 여기에는 관료의 효율성과 정책추진 능력들이 주목할 만한 중요한 항목이다. 즉 농지개혁과 한국전쟁은 한국에서 국가 관료들의 재정정책과 경제정책을 추진하는 능력을 향상시켜주었고, 이것이 초석이 되어 60년대 경제개발을 이루는 원동력이 되었다. 이때 지주들은 자본가로 변신하기 전에 몰락하고 말았다. 이것은 한국 경제발전에 대단히 중요한 의미를 가진다.

> "장기적인 관점에서 볼 때, 지주계급의 몰락은 한국 민주주의 발전에 긍정적인 영향을 미쳤다. 그것은 한국 정치에서 지주 과두제적 요소의 등장을 완전히 배제시키는 결과를 가져왔기 때문이다. 만약 다수의 지주가 자본가로의 전신에 성공해 그 세력을 유지했다면, 그들을 경제적 기반으로 삼고 있는 민국당은 권력에 더욱 근접했을 수도 있다. 그 경우 한국정치에는 내각제적 권력 구조 아래서 지주 과두제적 요소가 어느 정도 존속되었을지도 모른다. 그러나 지주가 전업에 실패함으로써 이러한 가능성은 전면 차단되고 말았다."[194]

이처럼 농지개혁에 대하여 좌파와 우파의 견해가 대립되는 형국에서 제3의 평가를 내놓은 학자가 있어서 필자의 주목을 끈다. 박명림은 조봉암이 농림부 장관에 임명되어 농지개혁을 이끌었다는 사실과 농지개혁의 방향이 사회주의와 자본주의 사이의 중도적 관점에서 이루어졌다는 점을 강조한다.[195]

---

194   김일영, "농지개혁을 둘러싼 신화의 해체," 341쪽.

195   박명림 "한국 민주주의와 제3의 길: 민주주의, 사회적 시장경제, 그리고 평화·통일의 결합-조봉암의 사례연구," 정태영 외, 『죽산 조봉암 전집』 6,

첫째, 그는 조봉암이라는 인물의 정치적 노선에 대해서 주목한다. 조봉암은 일제시대에 조선공산당원으로서 활동한 경력이 있다. 그러다가 해방 직전 박헌영과 노선대립을 하면서 공산당에서 탈퇴한 후, 은둔하고 있었던 정치인이다. 그런데 이때부터 대한민국의 건설은 공산주의가 아니라 민주주의 원칙을 지키는 자유주의 이념만이 현실적인 대안이라는 점을 주장한다. 즉 공산주의 운동이 결국은 소련의 이해관계를 대변하는 것에 불과하다는 국제정치관을 가지게 된 것이다. 물론 그의 공산주의 전력 때문에 민족자주연맹과 같은 우익 세력에게도 배척을 당했다. 그래서 그가 창립한 단체가 민주주의 독립 전선이었으며, 이것은 서양적인 의미에서 사회주의와 자유주의의 중간지대를 표방하는 집단이었다. 이것은 혁명을 통해서 국가건설을 시도했던 좌파와, 남한 정부의 극우성을 기반으로 국가건설을 시도했던 우파들에게, 모두 도전하는 단체였다. 그러나 여기서 중요한 점은 오랜 세월 공산주의자로 활동했던 조봉암이 민주주적인 절차를 통해서 새로운 개혁을 시도했다는 사실이다. 이것은 마치 독일의 사민당이 수정주의 논쟁을 거쳐서 의회주의 정치체로 참여한 사실과 매우 흡사하다.

둘째, 조봉암은 헌법기초위원으로 활동하면서 국민의 일상생

세명서관, 1999.

활의 문제에 관심을 가지게 되었다. 특히 생활의 기본적 수용, 균형 있는 경제발전, 적절한 토지개혁 등과 같은 경제조항을 헌법에 신설하고자 노력하였다. 여기서 그는 이승만이 주장했던 대통령제에 반대한다. 대통령이 가진 무한정의 권력이 독재를 만들어 낼 수 있다고 우려한 것이다. 바로 이 문제로 인해 훗날 조봉암은 이승만과 맞서다 사형을 당하게 된다. 그러나 중요한 사실은 제헌헌법에 사회민주주의 조항을 만들었다는 것이다. 특히 바이마르 헌법의 153조와 같은 경제조항은 나중에 토지개혁을 추진할 때 법률적 기초를 제공하는 중요한 역할을 하게 된다. 즉 제1공화국 헌법에는 토지개혁에 대한 조항을 포함하고 있으며, 이를 헌법 민주주의 차원에서 달성했다는 점에서 향후 한국 민주주의 발전에 중요한 의미를 가진다. 이승만은 초대 농림부 장관으로 조봉암을 임명하는데, 이를 두고 '왜 공산주의자를 입각시켰는가'라는 비판이 거셌지만, 이를 강행했다. 이러한 맥락에서 이승만 대통령과 조봉암 장관의 만남은 한국 정치사에서 최초의 동거정부의 형태이며, 좌우를 포괄하는 제3의 길을 실천한 사례라고 볼 만하다.

셋째, 농림부 장관에 취임한 조봉암은 토지개혁을 실천해 간다. 이때 그는 제3의 원칙을 세운다. 즉 농토는 무상매수(사회주의 안)도 아니고, 유상매수(자유시장주의 안)도 아닌, 적당한 보상을 주고 공공의 복리를 위해서 수용한다는 새로운 관점을 제시한 것이다. 그의 행정실무자였던 강진국은 이러한 원칙을 두고 다음과 같이 말한 바 있다. '지주에게 억울한 희생을 시키지 않고, 또 농민에게는 염가로 분배하는 방법, 즉 유상매수 유상분배와 무상몰수 무상분배의 중간적인 입장을 채택한 것이다.[196] 달리 표현하자면, 공공복리라는 사회민주주의적 관점과 개인의 재산권을 보호한다는 자유민주주의적 관점을 동시에 고려한 정책이라는 것이다. 헌법 조문으로 보면 86조와 15조를 적절하게 조화시킨 것이다.

넷째, 조봉암의 농지개혁을 적극적으로 도운 사람은 지주계급이었던 김성수였다. 김성수는 호남지역을 기반으로 한 지주세력이었고 한민당에서 실질적인 주도권을 가진 정치인이었다. 김성수는 내각제와 같은 정치조직에는 쉽게 찬성하였지만, 농지개혁에는 망설이는 입장이었다. 그러나 북한 공산세력을 방어하고 한민당이 농민들의 지지를 확보해야 한다는 차원에서 농지개혁에 찬성하게 된다. 그리고 적극적으로 지주들을 설득시켜 보상액도 낮추는 데 적극적이었다. 또 소작제의 폐지를 통해서 새로운 근대국가의 경제개발을 추진할 수 있다는 확신이 있었기 때문에 김성수는 지주계급이었음에도 농지개혁에 찬성했던 것이다. 조봉암의 농지개혁은 김성수의 도움이 없었다면 성공하기 어려웠을 것이다. 이것은 진보적 개혁주의자와 합리적 보수주의자가 손을 잡고 폭력혁명 없이 사회개혁을 성공적으로 실천한 수동혁명의 사례에 해당

---

196   박명림 "한국 민주주의와 제3의 길: 민주주의, 사회적 시장경제, 그리고
        평화·통일의 결합-조봉암의 사례연구," 131쪽.

한다.

> "조봉암은 이승만, 김성수와 함께 그리고 상호 길항하면서 토지개
> 혁을 이루어간 대표적인 인물이다. 결국 남한의 토지개혁은 상이한
> 구상과 경력을 가진 따라서 상이한 계층을 대변한 이 세 사람의 계
> 급적 길항의 산물이었다고 할 수 있다. 토지 문제에 있어서 그들은
> 각각 진보적 개혁주의, 중도 개혁주의, 보수적 개혁주의를 대변하
> 였다. (…) 반동주의와 급진주의는 각각 개혁주의에 의해 수렴되었
> 다. 이 수렴은 이후 계속하여 반복될 한국식 수동혁명의 최초의 사
> 례였다."[197]

조봉암이 농지개혁을 이끌었다는 것은 한국 정치사에 대단히
중요한 의미가 있다. 적어도 자유주의 체제를 표방한 이승만 정권
에서 공산당의 경력이 있었던 정치인이 국가개혁의 핵심을 주도했
기 때문이다. 분명한 것은 이것을 통해 대지주의 나라에서 노동의
나라로 대한민국이 변모했다. 이것은 마치 이념적으로 자유주의
와 사회주의로 갈라서 대립하던 19세기 유럽이 중도정치의 노선
을 통해서 새로운 정치체제로 변화된 모습과 유사하다. 이것이 필

---

197   박명림 "한국 민주주의와 제3의 길: 민주주의, 사회적 시장경제, 그리고
       평화·통일의 결합-조봉암의 사례연구," 138쪽.

자의 평가이다. 더구나 조봉암의 개혁에는 단순히 토지분배에만 머문 것이 아니라, 그 이후의 경제발전과 연계된 구상도 포함되었다는 것이 정설이다. 즉 토지분배를 통해 정부가 거두어들인 차액을 농업발전을 위한 투자금으로 활용하려고 한 것이다. 또 농업의 운영방식도 소작제에서 농업협동방식으로 전환하려는 의도가 살아 있었다. 그동안 조선 후기나 일제 강점기의 농작 방식은 지나치게 협소한 땅에서 낙후한 기술력으로 농사를 지어왔기 때문에 영농의 현대화가 매우 시급한 과제였던 것이다.

그러나 이러한 농지개혁에도 한계도 있었다. 무엇이 문제였을까? 헨리 조지의 사상을 근거로 다음과 같이 4가지 원인을 지적한 학자가 있어 여기서 토론해 보고자 한다.[198]

1. 소규모로 토지를 분배하는 것은 생산의 효율성을 떨어트린다.
2. 모든 사람에게 토지를 분배하지 않는다면 궁극적으로 불평등을 막지 못한다.
3. 토지 사유제가 유지되는 한 분배된 토지는 소수에게 집중된다.
4. 도시, 임야, 초지 등이 분배대상에서 제외되어 개혁이 불완전했다.

---

198   전강수, "평등지권과 농지개혁 그리고 조봉암," 『역사비평』 91, 2010, 318-319쪽.

위에서 지적한 4가지 한계는 모두 헨리 조지의『진보와 빈곤』에 근거해서 이승만 정권의 토지개혁을 평가한 것이다. 필자는 1부에서 영국의 중도정치를 서술하면서, 헨리 조지와 페비안 사회주의 관계를 자세히 언급한 바 있다. 사실 헨리 조지는 자유주의와 마르크스주의의 양자를 모두 벗어나 제3의 길을 제시한 사상가라고 할 수 있으며, 따라서 한국의 토지개혁을 논하는 자리에서 헨리 조지를 기준으로 새로운 평가를 내리는 시도는 매우 적절해 보인다. 따라서 헨리 조지의 사상을 염두에 두면서 4가지 한계를 면밀히 따져보고, 그에 대한 현실적인 대안을 모색하려고 한다. 아마도 이렇게 하는 것이 한국정치에서 제2의 중도정치를 찾아가는 방법이 될 것이다.

우선 소규모의 토지분배가 생산성을 낮추게 될 것이라는 지적에 동의한다. 조봉암도 이 점을 인식하였고, 그래서 농업협동체제를 염두에 두었고, 토지매수 대금을 정부가 이익금으로 가지고 있으면서, 후일 영농개선 사업에 투자하려고 했다. 한편 위에서 지적된 2번, 3번, 4번은 결국 하나의 결말을 예상한 비판이다. 즉 개혁 초기에는 토지분배가 평등하게 실시되어도, (헨리 조지의 용어로 표현하자면) 경제가 진보되어 갈수록 토지소유는 소수에게 집중될 것이다. 사실 이 문제도 조봉암이 예상을 했고, 그래서 토지의 매매를 금지하는 조치를 강력하게 주장했던 것이다. 그렇다면 왜 한국에서 토지소유의 집중이 다시 발생했을까? 헨리 조지의 논리를 빌어설명하자면, 토지 사유제가 원인이다.

따라서 소수가 토지를 집중하여 소유하고, 토지로 인한 불평등이 발생하지 않도록 막는 방법은 공유제만이 해답이다. 생산을 시장에 논리에 따라 경쟁체제로 운영하더라도, 토지만은 공유제로 해야 한다는 것이다. 그렇다고 공유제가 사회주의 체제가 전제하는 것처럼 모든 사용권과 수익권을 국가가 소유하는 형태는 아니다. 즉 헨리 조지의 토지공유제는 토지에 대한 사용권과 수익권을 인정하여 생산성을 높이고(자본주의 시장 논리에 적용한다), 다만 토지의 사적 소유를 금지하는 것이다. 그리고 토지로부터 나오는 이익에 대해서는 토지세를 부여함으로써 노동의 대가를 넘어서는 특권적 이익을 국가가 환수하는 것을 목표로 한다. 이것을 두고 "시장 친화적 토지 공개념"[199]이라고 부르기도 한다. 특히 한국사회에서 중요한 것은 토지를 통해 취득하게 되는 불로소득에 대해서 조세를 부과하여 국가가 환수하고, 개인 간의 불평등을 완화하는 조지를 취해야 한다는 점이다.

　　헨리 조지는 토지가치세를 주장하였다. 이것은 토지소유권은 소유자의 수중에 인정하되, 지대 대부분을 조세로 징수하고 모든 사람에게 수입을 균등하게 배분하자는 정책이었다. 여기에 덧붙여 토지단일세를 주장했는데, 이것은 토지세를 강력하게 추진하

199　전강수, "평등지권과 농지개혁 그리고 조봉암," 324쪽.

되, 다른 세금은 폐지하자는 것이다. 현실적으로, 상황적으로, 한국사회에서 토지단일세를 실시하는 것은 어려워 보인다. 그러나 토지나 아파트 가격의 상승으로 인한 불로소득에 대하여 높은 세율을 적용하고, 농지나 임야들의 토지는 농민에게 유리하도록 소유권을 조정하며, 점진적으로 국토 대부분을 국가가 소유하는 방식으로 전환하는 것은 가능해 보인다.

보수진영에서는 이러한 방향 전환이 시장주의를 무시하는 좌빨정책이라고 비난할 것이며, 진보진영에서는 근본적인 개혁 없이 시장논리에 기대는 것은 희망이 없는 속물주의라고 비난할 것이다. 그러나 이승만과 조봉암이 만나 토지개혁을 실시한 것이 제1의 중도정치였다면, 보수와 진보 양 진영을 포괄하는 새로운 중도정치를 찾아내는 것이 현재 한국정치가 모색해야 할 제2의 중도정치가 될 것이다. 이때 헨리 조지의 소유권 개념은 대단히 중요한 기준이 될 만하다.

"이에 소유권, 즉 어떤 사람이 '이건 내 것이고 내 재산이다'라고 할 때 근거가 될 수 있는 원칙에 대해 말씀드리겠습니다. 소유권은 어디에서 생깁니까? 생산물에 대한 생산자의 권리에서 생깁니다. 자신의 생산물을 자기 소유라고 하는 것은 정당합니다. (…) 인간이 지구에 등장하기 전부터 존재했던 것, 인간이 생산하지 않고 하나님이 창조하신 것은 모든 인간에게 똑같이 속한다는 원칙입니다. 아무도 토지를 만들지 않았으므로 아무도 토지소유권을 주장할 수 없습니다."[200]

200   헨리 조지, 김윤상 역,『국토는 국민 모두의 것입니다』, 경북대학교 출판
        부, 2022, 176쪽.

글을 마무리하며

　지금 한국사회에서 정치적 양극화의 문제가 심각하다. 정치적 양극화란 여당과 야당의 대립구도가 극단적인 진영의 논리로 분열되어, 정책의 옳고 그름을 떠나, 상대 당이 제기하는 정책들은 무조건 반대하는 형태로 특징지어진다. 정치권에서 유행하는 '내로남불'이라는 말이 양극화의 특성을 잘 표상하고 있다. 이러한 모습은 "패거리 정치", "집단극화"라는 용어로도 표현된다. 그리고 지역주의, 혐오정치, 젠더갈등과 같은 새로운 정치문제들도 따지고 보면 정치적 양극화에서 파생된 문제라고 필자는 생각한다.

　이런 정치양극화의 피해는 무엇인가? 결정적으로 숙의민주주의를 훼손하여 대의제 정당정치를 마비시킨다. 민주주의의 핵심은 하나의 쟁점을 두고 보수와 진보가 서로 다른 의견을 제시한 후, 상대방의 의견을 청취하고 토론하면서, 가장 합리적인 방향으로 정책을 수렴해 가는 과정이다. 그런데 정치적 양극화가 이것을 방해한다. 그렇게 되면 정치의 공공성은 파괴되고, 국민의 민생요구는 실현되기 어렵다.

특히 시대의 변화에 따라서 국민이 정치에 요구하는 대상이 변화하기 마련인데, 정치적 양극화가 지속되면서 정치가 국민의 기대수준을 따라가지 못하고 있다. 이렇게 되면 결국 국민은 정치에 대해 불신할 수밖에 없다. 최근 여론조사에서 무당파 중도층이 35% 이상이라는 결과가 있는데, 이것은 정치가 시대의 변화에 발맞추지 못하고 있으며, 국민의 요구가 무엇인지 제대로 파악하지 못하고 있음을 웅변하는 것이다. 이렇게 두고 볼 때 정치양극화를 극복하는 것이야말로 한국정치의 당면 과제라고 하겠다.

그동안 한국의 학계에서 양극화를 극복하는 방안은 주로 정당정치에서 찾거나[201], 복지정책을 실현하는 방법으로 접근해 왔다.[202] 그러나 중도정치의 기본은 새로운 세계관을 찾는 것이며, 정당정치를 교정하고, 경제사정을 시정하며, 외교분야에서 새로운 노선을 추구하는 것이어야 한다. 이러한 맥락에서 보면 한국 정치사에서 가장 먼저 중도정치를 실천한 사람은 정조대왕이었다. 그가 추구했던 탕평정치는 단순히 붕당정치를 넘어서는 것이 아니라, 낡은 성리학의 세계관을 벗어나 실용주의적인 유학을 구현하려 했기 때문이다. 또 그는 관료 중심의 시장경제를 시정하고 민

---

201   채진원, 『무엇이 우리 정치를 위협하는가?』; 채진원 외, 『언론의 사회통합 및 양극화 해소방안연구』, 인간사랑, 2-23쪽.

202   송호근, 『이분법 사회를 넘어서』, 2012, 다산북스.

간에게 시장의 주도권을 주려고 했다. 나아가 정조대왕 자신은『대
학』에 등장하는 "명덕"이라는 개념을 새롭게 해석하여 민본정치의
본질을 제대로 실현하고자 했다.[203] 그리하여 노론과 소론으로 분
리된 조정의 무익한 이념대립을 극복하고, 북벌론을 주장해온 기
존 입장을 수정하여 현실주의적인 외교정책을 수립하고자 했다.
한마디로 변화의 시대에 새로운 정치이념을 추구하여 위기를 극복
하려 했던 것이다. 이것이 바로 중도정치의 본질이다.[204]

　　물론 이 책에서 간략하게 다룬 1948년 이승만 대통령과 조봉암
농림부 장관의 농지개혁도 현대 정치사에서 대단히 중요한 중도정
치의 예이다. 우파의 대통령이 가장 좌파적인 인물을 내각에 기용
한 것 자체가 파격이었으며, 낯선 자유주의와 사회주의 대립을 극
복한 첫 번째 사례에 해당하기도 하기 때문이다. 그 이후 김대중이
나 노무현의 개혁정치가 종종 중도정치의 예로 거론되기도 하지
만,[205] 분열정치를 극복하지 못했다는 점에서 성공적인 경우라고

203　이태진·김백철 엮음,『조선 후기 탕평정치의 재조명』하권, 태학사, 2011
　　　참조.

204　정조 대왕의 개혁정책과 유사하게 현대 한국정치에서 시급하게 필요한 4
　　　가지 중도정치의 대안을 필자가 제시한 바 있다. "감정구조와 중도정치,"
　　　『감정구조와 한국사회』, 한울, 2022년 참조.

205　김윤대, "제3의 길과 한국정치,"『기억과 전망』19호, 2008.

글을 마무리하며

보기 어렵다.

현재 한국에는 정조의 탕평정책이나 이승만과 조봉암의 연합정치가 절실하게 필요하다. 한국사회의 위기가 다변화되고, 그 심각성이 점점 깊어지고 있어, 이대로 놔두었다가는 한국사회가 침몰할 수도 있겠다. 이러한 위기의 시대에 중도의 철학적 이념을 정립하고, 그것을 실천할 수 있는 정치인들이 등장하기를 간절히 기대한다.

한편, 중도정치의 방향이란 두 양극단의 세력다툼에서 예측하기 어려운 경로를 통해서 서서히 중간으로 수렴한다는 것을 명심해야 한다. 정조 대왕이 노론의 득세를 견제하면서도 개혁정책을 무리하게 추진하지 않은 이유가 여기에 있다. 새로운 시대정신을 강하게 밀어붙이면 기존의 보수세력이 반발하는 것은 당연하다. 그래서 중도정치는 정-반-합의 논리에 근거하여 점차적으로 추진하는 것이 바람직하다. 아래 그림이 한국 정치가 나갈 수 있는 미래의 예측도이다. 즉 A에서 B와 C를 거쳐 D로 진행하는 방향이 중도정치라고 할 때, 각각의 시기와 국면마다 A1과 A2의 대안세력이 충돌할 것이다. 그리고 그 단계를 넘어서면 다시 B1과 B2의 정책대립이 나타날 것이다. 물론 이것은 C의 단계에서도, D의 단계에서도 마찬가지이다.

필자가 판단하건대, 한국은 현재 산업화와 민주화가 충돌하는 단계에서 벗어나야 한다. 그것을 A의 국면이라고 하자. 이러한 국면을 벗어나면 또다시 새로운 이념대립이 있을 것이며, 그것을 넘어서는 것이 B의 국면이 될 것이다. 그런 의미에서 한국정치는 끊임없이 이념과 정책의 대립을 넘어설 수 있는 역사적 안목과 리더십이 필요하다. 이것이 바로 중도정치의 핵심이다.

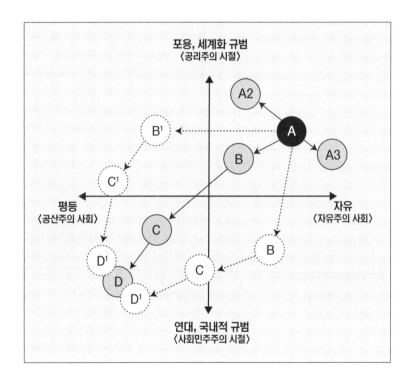

홍성민 교수의 알기 쉬운 정치철학 강의 3편

유럽의 중도정치

과연 한국정치에서 제3의 길은 가능할까?

발행일 1쇄 2024년 12월 30일

지은이 홍성민

펴낸이 여국동

펴낸곳 도서출판 인간사랑

출판등록 1983. 1. 26. 제일-3호

주소 경기도 고양시 일산동구 백석로108번길 60-5 2층

물류센타 경기도 고양시 일산동구 문원길 13-34(문봉동)

전화 031)901-8144(대표) | 031)907-2003(영업부)

팩스 031)905-5815

전자우편 igsr@naver.com

페이스북 http://www.facebook.com/igsrpub

블로그 http://blog.naver.com/igsr

인쇄 하정인쇄   출력 현대미디어   종이 세원지업사

ISBN 978-89-7418-446-9 04340
        978-89-7418-439-1   (세트)